Elisabeth Zwick

Spiegel der Zeit –
Grundkurs Historische Pädagogik II

EINFÜHRUNGEN
– Pädagogik –

Band 3

LIT

Elisabeth Zwick

Spiegel der Zeit –
Grundkurs Historische Pädagogik II

Mittelalter

LIT

Bibliografische Information der Deutschen Nationalbibliothek
Die Deutsche Nationalbibliothek verzeichnet diese Publikation in der
Deutschen Nationalbibliografie; detaillierte bibliografische Daten sind
im Internet über http://dnb.d-nb.de abrufbar.

ISBN 3-8258-9804-0

© LIT VERLAG Dr. W. Hopf Berlin 2006
Auslieferung/Verlagskontakt:
Fresnostr. 2   48159 Münster
Tel. +49 (0)251–620320   Fax +49 (0)251–231972
e-Mail: lit@lit-verlag.de   http://www.lit-verlag.de

Spiegel der Zeit: Grundkurs Historische Pädagogik II
Mittelalter

1 Vergangene Zeiten – fremde Welten? Einführung in thematische und methodische Grundfragen	9
2 Eine eigene Zeit? Annäherungen an das Mittelalter	19
3 Welten einer Zeit: Rahmen- und Strukturelemente mittelalterlicher Lebensdeutung	29
4 Heilig oder sündig? Aspekte zur Anthropologie des Kindes	61
5 Zufällig und mangelhaft? Strukturen der Reflexion über die Frau	79
6 Orden, Klöster und das Rittertum: Zwei Wege oder zwei Seiten eines Weges?	99
7 Denkwelten einer Zeit: Augustinus und Thomas von Aquin	117
8 Wissen wird Macht: Strukturen der Institutionalisierung von Bildung	135
9 Ausblick: Wege in eine neue Zeit	151
Quellenverzeichnis	157

Obwohl es sich die im September 1985 auf der Jahrestagung der Historischen Kommission der Deutschen Gesellschaft für Erziehungswissenschaft gegründete Gruppe „Ältere Erziehungsgeschichte" zur Aufgabe machte, das Interesse am Mittelalter wieder zu beleben, erfährt die pädagogische Beschäftigung mit dem Mittelalter teilweise deutliche Urteile. So postuliert beispielsweise die Historikerin Röckelein: „In der historischen Pädagogik hat sich -wie vielerorts- das Bild vom `finsteren Mittelalter`, von der unliebsamen Zwischenzeit, hartnäckig gehalten" (Röckelein, 1994, 151). Kann diesem Urteil zugestimmt werden? Oder anders gefragt: Wurde in der pädagogischen Forschung die in den USA seit Jahrzehnten bestehende „Medieval Explosion" ausgeblendet? Wurde es übersehen, dass die Revision der Betrachtung des Mittelalters als einer finsteren Zwischenzeit inzwischen common sense historischer Forschung ist?

Das Mittelalter gilt heute keineswegs mehr als finstere und unliebsame Zwischenzeit, es wird vielmehr als Ursprung neuzeitlicher und moderner Strömungen gesehen. So greift etwa Mitterauer die Frage auf, die Max Weber in seinem Werk „Gesammelte Aufsätze zur Religionssoziologie I" (^{9}1988, Tübingen) stellte: „Welche Verkettung von Umständen hat dazu geführt, daß gerade auf dem Boden des Okzidents, und nur hier, Kulturerscheinungen auftraten, welche doch -wie wenigstens wir uns gern vorstellen- in einer Entwicklungsrichtung von universeller Bedeutung und Gültigkeit lagen?" (ebd., 1). Und interessant ist, dass Mitterauer die entscheidenden Bedingungsfaktoren für den europäischen Sonderweg nicht in der Neuzeit sieht, sondern im Mittelalter (vgl. Mitterauer, ^{4}2004). Dies sei hier nur als ein Beispiel für die Aktualität des Mittelalters in der historischen Forschung genannt. Aber auch wenn man es nur als Beispiel betrachtet stellt sich doch die Frage, warum sich trotzdem das Bild vom „finsteren Mittelalter" halten konnte. Sucht man nach möglichen Gründen im pädagogischen Diskurs, stößt man letzlich auf zwei Argumentationsstrukturen:

Auf der einen Seite wird nämlich das neuzeitliche Bildungsverständnis auf den Humanismus der Renaissance zurückgeführt und auf der anderen Seite wird Geschichte als eine Höher- und Weiterführung verstanden. Beide Aspekte werden zwar in dem hier vorliegenden Band noch öfters zur Sprache kommen, dennoch sollen sie im folgenden kurz thematisiert werden. Die mit ihnen verbundenen Problemfelder führen nämlich zugleich in thematische Grundfragen ein.

1 Vergangene Zeiten – fremde Welten?
Einführung in thematische und methodische Grundfragen

Betrachtet man zunächst einmal die These, die Grundformel des neuzeitlichen Bildungsverständnisses sei auf den Humanismus der Renaissance zurückzuführen und stehe dem Mittelalter diametral entgegen (vgl. z.B. Böhme & Tenorth, 1990, 60-79), so beruht diese These letztlich auf einer spezifischen Sicht des Mittelalters. Das Mittelalter wird hier als eine Epoche gesehen, in der eine gottgewollte vorgegebene Ordnung jegliches Sein und Werden des Menschen präformiert und determiniert. Es soll und kann nicht bestritten werden, dass sich dafür sachliche Begründungen finden lassen. Diese beruhen aber letztlich nur auf *einer* Strömung des Mittelalters: auf einer Strömung, die mit einer spezifischen Interpretation des Augustinus (+ 430) verbunden ist. Augustinus war nun sicher eine große und weit über das 12. Jahrhundert hinaus wirkende Autorität, aber er ist nicht *das* Mittelalter. Das Mittelalter ist eine von innerer Vielschichtigkeit geprägte Epoche und neben Augustinus stehen -wie u.a. anhand Thomas von Aquins (+ 1274) noch verdeutlicht werden wird- andere Ansätze, die es in sich fraglich werden lassen, *eine* Strömung zu verabsolutieren. Das Mittelalter gemäß der gerne als Lehrbuch empfohlenen „Geschichte der Pädagogik" von Reble (¹⁵1989, Stuttgart) als eine Zeit zu betrachten, in der der Mensch durch die Lebensdeutung unter christlicher Interpretationsvorgabe in einer als eindeutig definiert erachteten Seins- und Wertordnung lebte und in der politisch, wirtschaftlich, geistig und sozial ein gottgewolltes festes Gefüge herrschte, innerhalb dessen der Mensch gemäß dem Stand, in den er gesetzt wurde, Gott dienen sollte (vgl. ebd., 55-59), ist nur eine Sichtweise, genauer gesagt: es ist eine Sichtweise, die die soeben genannte Strömung als Interpretationsfolie verabsolutiert und damit nicht als sachlich richtig erachtet werden kann. Dennoch wird dies häufig vertreten und ist wohl auch ein Grund für die Betrachtung des Mittelalters als einer „finsteren Zeit".

Das Bild vom „finsteren Mittelalter" spiegelt zudem noch die zweite bereits angesprochene Problematik wieder: die Konstruktion von Geschichte als einer Höher- und Weiterführung. Bei dieser höchst fraglichen Sicht von

Geschichte wird die Antike zum Ursprung, das Mittelalter zur Zwischenzeit und die Moderne zur Vollendung. Damit sind jedoch äußerst problematische Intentionen verbunden. Die Zielsetzung liegt nämlich nicht in einer historischen Rekonstruktion, sondern in einer Konstruktion: in der Konstruktion der europäischen Moderne als einer Höherentwicklung. Diese Betrachtung von Geschichte ist jedoch in sich mehr als fragwürdig und letztlich nicht haltbar. Fragwürdig und nicht haltbar sind zudem auch ihre Folgen, die gerade im pädagogischen Diskurs teilweise immer noch vertreten werden. Legt man nämlich der Geschichte den Gedanken einer Höher- und Weiterentwicklung zugrunde, liegt die Gefahr nahe, die Gegenwart oder doch wenigstens die Moderne als das Höchste zu betrachten. Und wenn die Moderne das Höchste ist, genügt es, diese zu kennen. Sich mit Geschichte zu beschäftigen, scheint dann überflüssig zu sein. Wenn man sich überhaupt mit ihr beschäftigt, dann mit dem, was man als die Wurzeln des Gegenwärtigen und Modernen betrachtet: mit der Reformpädagogik und der Aufklärung. Ausgeblendet wird damit aber, dass diese Ansätze selbst historisch und damit relational sind. Ausgeblendet wird, dass sie nur im historischen Gesamtkontext adäquat zu verstehen sind.

Die Betrachtung des Mittelalters als einer „finsteren Zeit" wird aber mit der Dekonstruktion der Konstruktion von Geschichte als einer Weiter- und Höherführung hinfällig. Man sollte vielmehr bedenken, dass im Mittelalter beispielsweise nicht nur die Grundzüge unseres Rechtssystems wurzeln, sondern dass in dieser Zeit auch die Wurzeln heutiger Wissenschaft, ja sogar die Anfänge modernen Denkens liegen. Und um noch ein ganz praktisches Beispiel zu nennen: wer denkt, wenn er seinen Reisepass vorzeigt, daran, dass dieser eine Erfindung des Mittelalters ist?

Um im folgenden die innere Vielschichtigkeit des Mittelalters zu verdeutlichen, wird methodisch den Neuansätzen historischer Forschung entsprechend gearbeitet.

Da die Ansätze, Ziele und Entwicklungen historischer Pädagogik in „Spiegel der Zeit: Grundkurs Historische Pädagogik I" (Zwick, 2004, 11-20) ausführlich dargelegt wurden, werden hier nur kurz die zentralen Aspekte zusammengefasst.

Historische Pädagogik ist kein Teilgebiet der Geschichtswissenschaften, sondern eine eigene Forschungsrichtung. Das heißt: Sie arbeitet zwar mit den Methoden der Geschichtswissenschaft, aber unter pädagogischer Fragestellung. Dies ist wiederum das Entscheidende und bedingt hinsichtlich Forschungsgegenstand, Systematik und Ansätzen eigene Grund- und Strukturierungselemente. Worin diese zu sehen sind, zeigen die Entwicklungen der historischen Pädagogik.

Die Enthistorisierung pädagogischen Denkens wie sie im Zuge der Entwicklung der systematischen Pädagogik zu einer empirisch-analytisch und -sozialwissenschaftlich orientierten Erziehungswissenschaft erfolgte muss heute selbst bereits wieder als historisch bezeichnet werden. Thesen, wie sie in den siebziger Jahren des 20. Jahrhunderts formuliert wurden, wonach der Geschichte nur ein sekundärer Platz einzuräumen sei, können heute nicht mehr vertreten werden. Begründet liegt dies u.a. in den Entwicklungen der historischen Pädagogik.

Schematisch lassen sich die Ansätze und Entwicklungen historischer Pädagogik wie folgt darstellen:

Die pädagogische Ideengeschichte -meist repräsentiert mit einer „Geschichte der Klassiker"- befasst sich mittels eines problem- und personengeschichtlichen Zugangs mit der Entstehung, Entwicklung und Funktion einzelner Ideen. Sie ist an klassischen Texten und an der Überlieferung der Idee selbst orientiert und ihre Methodik ist primär auslegend. Im Zuge der „realistischen Wende" der Pädagogik durch die Rezeption der sozialwissenschaftlichen Methoden- und Theoriediskussion begann auch die historische Pädagogik, sich sozialgeschichtlich zu orientieren. Prinzipiell ist mit dem sozialgeschichtlichen Zugang eine eigene, von der Ideengeschichte zu unterscheidende Blickrichtung verbunden. Hier steht z.B. nicht die Idee der `Bildung` im Vordergrund, sondern die konkrete Ausgestaltung des Bildungssystems einer Gesellschaft. Der sozialgeschichtliche Zugang hat zwar kein einheitliches Methodeninstrumentarium, eine relative Übereinstimmung besteht aber in der Forderung, sich in Abgrenzung von einer reinen Ideengeschichte auf die historische Erziehungswirklichkeit zu konzentrieren. Relevant für die Gesamtentwicklung der historischen Pädagogik wurden v.a. auch die Veränderungen, die innerhalb der sozialgeschichtlichen Zugangsweise stattfanden.

In den 60er und frühen 70er Jahren stieg die Sozialgeschichte auf, und zwar als Gesellschaftsgeschichte, die primär gesellschaftliche und politische Entwicklungen thematisierte. Mittels soziologischer und ökonomischer Theorien wurden wirtschaftliche, politische, soziale und kulturelle Strukturen untersucht. Verwendet wurden dabei -v.a. in der amerikanischen Forschung und in der „seriellen Geschichte" der französischen Forschung- quantifizierende Methoden. Durch die Auseinandersetzung mit ihrem theoriegeleiteten Vorgehen wurde jedoch die Sozialgeschichte in den 80er und frühen 90er Jahren mit neuen Herausforderungen konfrontiert. Durch die Alltags- und Mikrohistorie entwickelten sich neue Fragestellungen: nicht Strukturen und Prozesse an sich waren nun zentral, sondern die Frage, wie ein struktureller Wandel erfahren, verarbeitet und handelnd gestaltet wurde. Damit änderten sich konsequenterweise Themen und Methoden. Die Kategorie der menschlichen Erfahrungen und bisher oft vernachlässigte Aspekte, sei es Bewusstsein, Emotionalität oder Sinnlichkeit, traten in den Vordergrund. Die historische Sozialwissenschaft widmete sich also überindividuellen Prozessen und Strukturen, die Alltags- und Mikrohistorie stellte hingegen den einzelnen Mensch und die ihn umgebenden elementaren Gemeinschaftsformen in den Mittelpunkt. Sie arbeitete auch nicht theoriegeleitet, sondern das Subjekt sollte selbst sprechen, die qualitativen Aspekte von Erfahrungen sollten rekonstruiert werden.

Alltags- und Mikrohistorie sowie Historische Sozialwissenschaft, die Ausrichtungen bzw. Entwicklungen der Sozialgeschichte, eröffnen nun ein eigenes Diskursfeld. Dessen Elemente konstituieren wiederum das Problem, das die Sozialisationsforschung untersucht: das Verhältnis zwischen Individuum und Gesellschaft bzw. die gesellschaftlichen Bedingungen der Persönlichkeitsentwicklung. Prinzipiell entsprechen sich theoretische und methodologische Ansätze der systematischen und historischen Sozialisationsforschung, dennoch soll das Gebiet der historischen Sozialisationsforschung genauer bestimmt werden.

Im Mittelpunkt des Forschungsinteresses steht das Individuum. Dieses kann die Sozialisationsforschung aber nur dann adäquat verstehen, wenn sein sozialer Kontext ebenfalls reflektiert wird. Historische Sozialisationsforschung muss also die Subjekte in den sie konstituierenden Bedingungen betrachten. Die Gegenstände ihrer Forschungen sind einerseits die Voraussetzungen, Wirkungen, Faktoren, Instanzen und Institutionen von Erziehungs-, Bildungs- und Sozialisationsprozessen und andererseits die Frage, welche Bedeutung diesen Aspekten für Selbstverständnis, Weltorientierung, Handlungs- und Deutungssysteme der Individuen zuzusprechen ist. Und um die Entstehung und Struktur von individuellen Bewusstseins-, Erlebnis- und Handlungsstrukturen zu eruieren, werden Phasen der Sozialisation wie Kindheit und Jugend ebenso analysiert wie Instanzen und Methoden der Sozialisation und deren Ziele, seien es z.B. spezifische Werthaltungen, Bilder vom Erwachsenen oder Geschlechterrollen.

Historische Sozialisationsforschung greift letztlich ein konstitutives Problem historisch–hermeneutischer Disziplinen auf, nämlich die Frage, warum Menschen so denken, wie sie denken, und so handeln, wie sie handeln. Mit dieser Fragestellung zeigt sie zugleich eine enge Vernetzung zu den Ansätzen der Mentalitätsgeschichte und der Historischen Anthropologie. Beide stellen nämlich die Geschichtlichkeit und kulturelle Geprägtheit der Wahrnehmungs-, Denk- und Handlungsformen des Menschen in den Mittelpunkt.

Die Intentionen der Mentalitätsgeschichte zeigen bereits ihre Wurzeln: die Schule der Annales, als deren Entstehungsdatum die Gründung der Zeitschrift „Annales d'histoire économique et sociale" durch Febvre und Bloch im Jahr 1929 angesehen wird. Hier sollte nicht nur zum Dialog zwischen Historikern und Soziologen beigetragen werden, interessant ist vielmehr auch, dass bewußt auf Theoriediskussionen verzichtet wurde. Dies erklärt nämlich, warum bis heute den Annales und auch vielen Ansätzen der Mentalitätsgeschichte eine zusammenhängende Methodik und eine einheitliche Definition ihrer Geschichtstheorien fehlt. Anfangs war die Mentalitätsgeschichte v.a. ein Gebiet der französischen Sozialgeschichtsschreibung, aber ihren Intentionen folgten bald englische, sowjetische, italienische und deutsche Historiker. Trotz spezifischer Unterschiede -v.a. in der französischen und sowjetischen Ausrichtung- und eigener mit dem Begriff „Mentalität" verbundener Probleme, lassen sich Gemeinsamkeiten und Schwerpunkte eruieren.

Die Mentalitätsgeschichte konzentriert sich u.a. auf die Fragen nach den Deutungsmustern, Verstehensmodellen, Denk- und Handlungsformen, mit deren Hilfe Menschen „Wirklichkeit" deuten, erfahren und gestalten und sie konzentriert sich darauf, wie diese kollektiven Vorstellungswelten und Handlungsmuster gesellschaftlich vermittelt werden. Auf diese Weise zeigt sich bereits die Bedeutung der Mentalitätsgeschichte für die historische Pädagogik. Zudem muss auch noch betont werden, dass die Mentalitätsgeschichte es ermöglicht, differente Konzeptionen der historischen Pädagogik zu integrieren. Denn durch das Interesse „dafür, *wie* die Leute denken und nicht dafür, *was* sie denken" (Burke, 1989, 127) stellen mentalitätsgeschichtliche Ansätze eine Möglichkeit dar, die Kluft zwischen Ideen- und Sozialgeschichte zu schließen.

Sowohl mit ihrem Interesse für das Subjektive als auch mit ihrer zentralen Frage, wie Individuen sich und ihre Welt gestalten, knüpft die Historische Anthropologie an die Mentalitätsgeschichte an. Trotzdem entwickelten sich hier eigene Fragestellungen, Schwerpunkte und Intentionen. Die historische Anthropologie beschäftigt sich mit menschlichen Elementarerfahrungen. Sie historisiert den Menschen schlechthin: nicht die Universalität der Elementarerfahrungen steht im Mittelpunkt, sondern die verschiedenen historischen Erfahrungen mit elementaren Geschehen wie Geburt, Tod, Kindheit, Jugend, Alter, Krankheit und Geschlechtlichkeit.

Dass historische Sozialisationsforschung auf Mentalitätsgeschichte und Historische Anthropologie zurückgreift, wird per se verständlich. Sie greift aber nicht nur auf sie zurück, sondern geht durch die ihr eigene Fragestellung auch über sie hinaus. Sie nimmt die Einsicht in die Geschichtlichkeit der Wahrnehmungs-, Denk- und Handlungsformen auf und fragt zudem nach deren Vermittlung und Verankerung im Individuum. Um all die Aspekte zu integrieren, deren Gesamtheit erst die Realität vergangener Sozialisationsprozesse aufzeigt, ist es unerlässlich erforderlich, multiperspektivisch zu arbeiten und die folgenden Reflexionsebenen historischer Pädagogik zu analysieren und zu vernetzen:

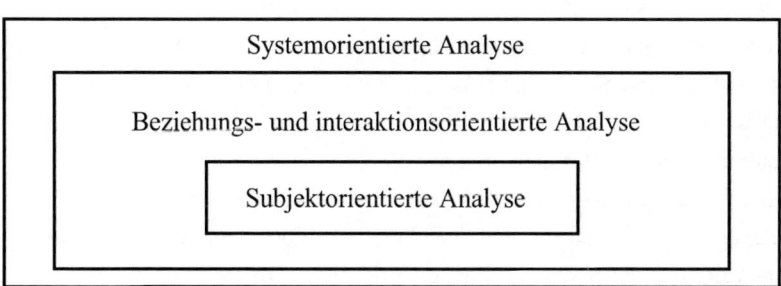

Die subjektorientierte Analyse wendet sich dem individuellen Wahrnehmen, Denken, Empfinden und Handeln, dem individuellen Erleben von Körper, Seele, Geist, Geschlecht und Lebenslauf zu. Die beziehungs- und interaktionsorientierte Analyse konzentriert sich auf die Frage der Sozialisationsinstanzen und Sozialisationsformen, d.h. sie stellt die Frage der Erziehungsziele, -mittel, und -stile, sowie die Struktur menschlicher Interaktionen und Beziehungsstrukturen in den Vordergrund. Und die systemorientierte Analyse widmet sich wiederum der Frage, in welcher Form Gesellschaftsstruktur und Kultur, Religion, Philosophie und Medizin, spezifische Institutionalisierungsformen, Beziehungen und Interaktionen sowie das Selbstverständnis und -erleben des Subjektes prägten. Relevant ist dabei, dass die subjektorientierte, die beziehungs- und interaktionsorientierte sowie die systemorientierte Analyse in Form einer Mehrebenenanalyse erfolgen, d.h.: entscheidend sind nicht nur die systematischen Zusammenhänge auf einer Analyse-Ebene, sondern auf allen Ebenen und v.a.

zwischen den verschiedenen Ebenen. Erst und nur dann wird verständlich, warum Menschen so denken, wie sie denken, warum Menschen so handeln, wie sie handeln. Und erst dann wird historische Pädagogik als Spiegel der Zeit deutlich. In ihr kulminieren gleichsam Forschungsebenen und Forschungsfragen und in ihr zeigen sich die Konsequenzen zeitgeschichtlicher Denkmuster für den Menschen.

Auf diesem Hintergrund, also auf der Basis einer subjekt-, einer beziehungs- und interaktions- sowie einer systemorientierten Analyse wird im folgenden die Zentralfrage historischer Forschung: Warum denken Menschen so, wie sie denken, warum handeln sie so, wie sie handeln? verfolgt, wobei zunächst das Mittelalter im Vordergrund steht. Bei dem gegebenen Rahmen kann jedoch nicht die gesamte Breite erörtert werden. Dass es sich um einen Grundkurs handelt, ist zugleich programmatisch zu verstehen: Ziel ist es, einen strukturierten Über- und Einblick zu geben, um ein eigenständiges Weiterstudium zu erleichtern.

Der Grundkurs Historische Pädagogik beruht auf den am Department für Pädagogik und Rehabilitation gehaltenen Vorlesungen. Der Vorlesungscharakter wird dabei weitestgehend beibehalten. Um den Lesefluss und die Verständlichkeit nicht zu beeinträchtigen, wird der Text deshalb kaum durch Literaturverweise und Zitate unterbrochen. Die zugrundeliegende und weiterführende Literatur wird vielmehr im Anschluss an die jeweiligen Kapitel angegeben. Die verwendeten Quellen befinden sich am Ende des Buches.

Weiterführende Literatur:

Böhme, G. & Tenorth, H.-E. (1990). Einführung in die Historische Pädagogik. Darmstadt
Burke, P. (1989). Stärken und Schwächen der Mentalitätengeschichte. In: Raulff, U. (Hrsg.). (1989). Mentalitäten-Geschichte. Zur historischen Rekonstruktion geistiger Prozesse. Berlin. S. 127-145
Dressel, G. (1996). Historische Anthropologie. Eine Einführung. Köln/Weimar/Wien
Duby, G. (1974). Histoire sociale et idéologie des sociétés. In: Le Goff, J./Nora, P. (Hrsg.). Faire de l'histoire. Bd. 1. Paris. S. 147-168
Dülmen, R. van (^{2}2001). Historische Anthropologie. Entwicklung, Probleme, Aufgaben. Köln/Weimar/ Wien
Eibach, J. & Lottes, G. (Hrsg.). (2002). Kompass der Geschichtswissenschaft. Göttingen
Gebauer, G. et al. (1989). Historische Anthropologie. Zum Problem der Humanwissenschaften heute oder Versuche einer Neubegründung. Reinbek
Gestrich, A. (1999). Vergesellschaftungen des Menschen. Einführung in die Historische Sozialisationsforschung. Tübingen
Ginzburg, C. & Poni, C. (1985). Was ist Mikrohistorie? In: Geschichtswerkstatt (6) 48-52
Goertz, H.-J. (Hrsg.). (^{2}2001). Geschichte. Ein Grundkurs. Reinbek
Groebner, V. (2004). Der Schein der Person. Steckbrief, Ausweis und Kontrolle im Europa des Mittelalters. München
Iggers, G. (1993). Geschichtswissenschaft im 20. Jahrhundert. Ein kritischer Überblick im internationalen Zusammenhang. Göttingen
Kocka, J. (^{2}1986). Sozialgeschichte. Begriff, Entwicklung, Probleme. Göttingen
Levi, G. (1992). On Microhistory. In: Burke, P. (Hrsg.). New perspectives on historical writing. University Park. S. 114-139
Lipp, C. (1990). Writing History as Political Culture. Social History Versus „Alltagsgeschichte". A German Debate. In: Storia della Storiografia (17) S. 67-100
Lüdtke, A. (Hrsg.). (1989). Alltagsgeschichte. Zur Rekonstruktion historischer Erfahrungen und Lebensweisen. Frankfurt/M.
Mitterauer, M. (^{4}2004). Warum Europa? Mittelalterliche Grundlagen eines Sonderwegs. München
Raulff, U. (Hrsg.). (1989). Mentalitäten-Geschichte. Zur historischen Rekonstruktion geistiger Prozesse. Berlin
Riecks, A. (1989). Französische Sozial- und Mentalitätsgeschichte. Ein Forschungsbericht. Altenberge
Röckelein, H. (1994). Hochmittelalterliche Autobiographien als Zeugnisse des Lebenslaufs und der Reflexion über Erziehung. Das Beispiel Otlohs von St. Emeran und Guiberts von Nogent. In: Keck, R./Wiersing, E. (Hrsg.). Vormoderne Lebensläufe – erziehungshistorisch betrachtet. Köln/Weimar/Wien. S. 151-186
Scholze-Irrlitz, L. (1994). Moderne Konturen historischer Anthropologie. Eine vergleichende Studie zu den Arbeiten von Jacques Le Goff und Aaron J. Gurjewitsch. Frankfurt/M.

Schulze, W. (Hrsg.). (1994). Sozialgeschichte, Alltagsgeschichte, Mikro-Historie. Eine Diskussion. Göttingen
Sprandel, R. (^{2}1995). Historische Anthropologie. In: Jüttemann, G. (Hrsg.). Wegbereiter der Psychologie. Weinheim. S. 440-448
Wehler, H.-U. (1996). Erweiterung der Sozialgeschichte. Göttingen
Wulf, Ch. (Hrsg.). (1997). Vom Menschen. Handbuch Historische Anthropologie. Weinheim
Zwick, E. (2001). Vormoderne oder Aufbruch in die Moderne? Studien zu Hauptströmungen des Mittelalters. Ein Beitrag zur Neuverortung der Epoche im Kontext pädagogischer Forschung. Hamburg
Zwick, E. (2004). Spiegel der Zeit – Grundkurs Historische Pädagogik I. Antike: Griechenland - Ägypten - Rom – Judentum. Münster
Zwick, E./Tippelt, R. (2004). Neuere Ansätze historischer Sozialisationsforschung. In: Kannewischer, S. et al. (Hrsg.). Verhalten als subjektiv-sinnhafte Ausdrucksform. Bad Heilbrunn. S. 228-237

Antike – Mittelalter – Neuzeit?
Kann so Geschichte betrachtet werden?
Dass die tradierte Epocheneinteilung in Antike, Mittelalter und Neuzeit ein diskussionswürdiges Konstrukt ist, zeigt bereits eine ihrer Wurzeln. Christoph Cellarius (+ 1707) verfasste 1685 die Historia antiqua, 1696 die Historia nova und 1698 die Historia medii aevi. Und mit der posthumen Zusammenfassung seines Werkes als Historia universalis im Jahre 1709 setzte sich letztlich die Periodisierung der Geschichte in Altertum, Mittelalter und Neuzeit durch. Cellarius konnte dabei auf eine alte Tradition zurückgreifen: Francesco Petrarca hatte schließlich bereits 1341 die „alte" und die „neue" Zeit einander gegenübergestellt und die damals jüngere Vergangenheit als finstere Epoche gesehen. Trotz der langen Tradition ist diese Einteilung aber ein Konstrukt, das mehr über das Selbst- und Weltverständnis der diese Einteilung Konstruierenden aussagt als über die von ihnen als Mittelalter bezeichnete Zeit. Wenngleich nun nicht in Zweifel gezogen wird und gezogen werden kann, dass die tradierte Epocheneinteilung ein mit vielen Problemen verbundenes Konstrukt ist, bleibt aber doch die Frage offen, ob und inwiefern es möglich ist, spezifische Strukturelemente zu eruieren, die es erlauben, die als „Mittelalter" bezeichnete Zeit ein- bzw. abzugrenzen.

2 Eine eigene Zeit? Annäherungen an das Mittelalter

Um die als Mittelalter bezeichnete Zeit ein- bzw. abzugrenzen, eröffnet die Lebensdeutung der Menschen dieser Zeit einen Weg. Sie ermöglicht es ohne eine ungebührliche Vereinheitlichung das Mittelalter in symbolische Randdaten zu fassen. Denn trotz der inneren Vielschichtigkeit, der inneren Spannungen und teils sich widersprechenden Konzeptionen kann für das geographisch auf den lateinischen Westen eingegrenzte Mittelalter, das im folgenden im Mittelpunkt stehen wird, eine spezifische Grundhaltung eruiert werden:
die Lebensdeutung unter christlicher Interpretationsvorgabe.

An dieser Stelle ist allerdings zu betonen, dass „christlich" hier formal zu verstehen ist. Wie „christlich" inhaltlich verstanden wurde, was man mit Christentum verband, fiel oft höchst unterschiedlich aus. Trotz aller inhaltlichen Differenzen steht aber außer Frage, dass die christliche Interpretationsvorgabe als formales Ordnungsprinzip und strukturierender Rahmen des Mittelalters fungierte. Und auf diesem Hintergrund können wiederum die symbolischen Randdaten des Mittelalters ermittelt werden: die Jahre 529 und 1348.

Im Jahr 529 schloss Kaiser Justinian I. die platonische Akademie in Athen und im gleichen Jahr gründete Benedikt von Nursia (+ 547) auf Monte Cassino seinen Orden. Das Jahr 1348 ist wiederum das (angenommene) Todesjahr von Wilhelm von Ockham. An dieser Stelle tritt aber wohl die Frage auf: Warum gerade diese Daten?

Der Orden des Benedikt von Nursia war bis ungefähr 1100 der einzige abendländische Orden und nahm nach dem Zusammenbruch des römischen Reiches eine zentrale Position ein. Wie die Kirche insgesamt zur tragenden Kultur- und Bildungsmacht wurde, so wurden nämlich gerade die Klöster dieses Ordens zu zentralen Bildungsstätten. Dass man also das Jahr 529 als den Beginn des Mittelalters betrachten kann, liegt an der mit den beiden genannten Ereignissen verbundenen Bedeutung. Sowohl die Schließung der platonischen Akademie als auch die Gründung des Benediktinerordens stehen symbolisch dafür, dass die antike Tradition durch das Christentum in einer eigenen Weise adaptiert und interpretiert wurde.

Nicht die Adaption und Interpretation an sich ist also entscheidend, sondern dass sie in einer eigenen Weise vollzogen wurde. Wie bereits in „Spiegel der Zeit: Grundkurs Historische Pädagogik I" (Zwick, 2004, 144-149) angesprochen wurde, zog das Sendungsbewußtsein der frühen Christen einen Inkulturationsprozess nach sich, in dessen Folge die im jüdischen Denken wurzelnden christlichen Vorstellungen zahlreiche Transformationen erfuhren. Bestrebt, das Christentum als die wahre Religion, den wahren Glauben, die wahre Erkenntnis und die wahre paideia darzustellen, suchte man nach Übereinstimmungen zwischen antikem Gedankengut und christlicher Lehre. Im Gesamtkontext der Interkulturationsprozesse ist hier andererseits das interessant, worauf beispielsweise Görg (^{4}2002) verweist: das frühe Christentum ist dem alten Ägypten zutiefst verpflichtet. So können Analogien zwischen Maria und Isis oder zwischen der wunderbaren Geburt Jesu und dem Horuskind gesehen werden und die Bilder des christlichen Glaubensbekenntnisses erweisen sich letztlich als im alten Ägypten verwurzelt. Auf der anderen Seite muss man sich aber auch vor Augen führen, mit welchen Adaptionen und Interpretationen die Vermittlung des Christentums im griechisch-römischen Kulturraum verbunden war.

„Das frühe Christentum", so Kloft, „weist bis in die Spätantike hinein eine stetige innere und äußere Entwicklung auf: Vom Glauben der kleinen jüdischen Gemeinde zu Jerusalem, welche die Wiederkunft des Auferstandenen nahe wußte, führt der Weg über die hellenistisch-römischen Gemeinden der ersten drei Jahrhunderte, die sich in den Städten des Imperium Romanum dauerhaft etablierten und eigene Lebens- und Gemeinschaftsformen ausbildeten, bis hin zu den überregionalen Metropolitanverbänden der Spätantike, den großen Bischofskirchen zu Rom, Byzanz, Alexandrien, Karthago und Antiochien. Sie erfreuten sich kaiserlicher Protektion und nahmen bereits politische Herrschaftsfunktionen wahr. Hinter diesem imposanten Weg ist auch ein gewaltiger *innerer* Assimilierungsprozeß zu erkennen, der Auseinandersetzung, Übernahme und Widerstand im Hinblick auf die religiöse und geistige Umgebung, und nicht zuletzt auch im Hinblick auf die Mysterienkulte beweist" (Kloft, 1999, 111). Kloft skizziert nicht nur den Gesamtprozeß, er verweist vielmehr auch darauf, dass die Übereinstimmungen mit den antiken Mysterienkulten die Sprache und Bilder, mittels derer das Christentum vermittelt werden sollte, ebenso betraf wie die Inhalte. Und die Nähe zu den Mysterienkulten sieht er v.a. in drei Dingen: „im Schicksal des toten und auferstandenen Gottessohnes, in den Sakramenten und in der Übernahme des Schweigegebotes" (ebd., 115). Nicht übersehen werden sollte zudem, dass im Zuge des Bestrebens, das Christentum als die wahre Religion und die wahre Erkenntnis darzulegen, neben der Übernahme hellenistischer und römischer Mysterien sogar Übereinstimmungen zwischen antiker Philosophie und christlichem Gedankengut angenommen wurden. So postulierte, um ein Beispiel zu nennen, Eusebius von Caesarea (+ 339) Platon habe das Alte Testament oder zumindest dessen Gotteslehre gekannt. Eusebius von Caesarea ist aber

nicht nur unter dieser Hinsicht interessant, durch ihn kann vielmehr zu Entwicklungen übergeleitet werden, die für die Folgezeit von besonderer Bedeutung wurden.
In seiner „Vita Constantini", seiner Beschreibung des Lebens von Kaiser Konstantin I., erzählt er von dessen Vision. Konstantin habe, so die wohl bekannte Erzählung, kurz vor der Schlacht gegen Maxentius an der Milvischen Brücke am 28. Oktober 312 die Vision eines in der Sonne stehenden Kreuzes mit der Inschrift „In hoc signo vince/in diesem Zeichen siege" gehabt. Die Schlacht war entscheidend: Durch den Tod des Maxentius wurde Konstantin Augustus des Westens. Um die Folgen dieses Ereignisses verdeutlichen zu können, sei kurz die geschichtliche Situation in Erinnerung gerufen. Im Jahre 311 wurde das Reich von vier Männern regiert: Konstantin und Maxentius regierten im Westen, Licinius und Maximian im Osten. Durch den Tod des Maxentius wurde Konstantin, wie soeben erwähnt, alleiniger Augustus im Westen. Licinius wiederum wurde durch seinen Sieg über Maximian im April 313 alleiniger Augustus im Osten und mit ihm schloss Konstantin ein Bündnis. Relevant ist nun v.a. das sogenannte Mailänder Edikt. Unter Bezug auf ein Treffen mit Konstantin in Mailand erließ Licinius am 15. Juni des Jahres ein Edikt, demzufolge beschlossen wurde, dem Christentum die vollständige Toleranz zu gewähren wie allen anderen Religionen. Dass der Bruch dieser Übereinkunft durch Licinius im Jahr 320 Konstantin die Möglichkeit bot, einzugreifen und sich nach der Absetzung des Licinius im Jahr 324 zum Alleinherrscher zu erklären, sei nur am Rande erwähnt. Interessant und für die geistige Entwicklung der Folgezeit in besonderem Maße relevant wurde nämlich v.a., welche Möglichkeiten der nun erreichte Status einer religio licita, einer erlaubten Religion, dem Christentum eröffnete. Nun konnte ein allgemeines Konzil einberufen werden, also eine Versammlung, die die gesamte Glaubensgemeinschaft repräsentierte.
Konstantin berief im Jahr 325 in Nicaea eine solche Versammlung ein, um die Kontroversen um die Lehre des Arius (+ 336) zu lösen. Hier sollen nicht die theologischen Debatten über die Frage, ob der Sohn Gottes diesem gleich sei oder ob er, wie Arius lehrte, ein von Gott geschaffenes Wesen und folglich Gott nicht gleich und nicht im gleichen Sinn wie der

Vater Gott sei, dargelegt werden. Der Blick soll vielmehr auf eine „Begleiterscheinung" des Konzils gerichtet werden, die für die Folgezeit von großer Bedeutung wurde. Durch die Verdammung der Lehre des Arius in Nicaea geriet nämlich letztlich auch der Philosoph in Mißkredit, den Arius bevorzugte: Aristoteles. Zwischen dem aristotelischen und dem christlichen Denken entstand in der Folge eine Fremdheit, die durch theologiegeschichtliche Entwicklungen im 5. Jahrhundert sogar noch verschärft wurde.

Der Kaiser von Ostrom Theodosius II. rief im Jahr 431 erneut ein Konzil ein: das Konzil von Ephesus. In Ephesus, dem Ort, in dem der Kult um die griechische Göttin Artemis eine lange Tradition hatte, sollten die Auseinandersetzungen um die Lehre des Nestorius (+ um 451) geklärt werden. Nestorius lehnte den Titel theotokos, Gottesgebärerin, für Maria ab. Maria habe, so Nestorius, nicht Gott geboren, sondern den Menschen Jesus und ihr könne deshalb nur der Ehrentitel Christusgebärerin zugesprochen werden. Der Grund, dies sei der Vollständigkeit wegen kurz angesprochen, liegt dabei in der Christologie des Nestorius: die göttliche und menschliche Natur sind hier nur geistig verbunden. Die Versammlung von Ephesus erklärte die Lehre des Nestorius jedoch für nichtig und bestimmte, Jesus sei als Gott und Mensch ein und derselbe. Jesus, so das Konzil, ist wahrer Gott und wahrer Mensch. Da er die göttliche und die menschliche Natur in seiner Person vereint, sei konsequenterweise Maria der Titel theotokos, Gottesgebärerin, zuzusprechen. Die Lehren des Nestorius wurden als häretisch verurteilt und konnten nicht mehr im römischen Reich verbreitet werden. Angesichts der Verfolgung, der die Anhänger des Nestorius nun im römischen Reich ausgesetzt waren, flohen viele nach Persien und bildeten dort eine eigene Gemeinschaft. Dieses nestorianische Christentum, heute als „Assyrische Kirche des Ostens" bezeichnet und primär im Irak, in Syrien und im Iran verbreitet, wurde in Folge der Ereignisse in Ephesus aber der Ort, an dem Aristoteles, zu dem sich Nestorius ja ausdrücklich bekannt hatte, bewahrt wurde. Nicht zuletzt durch die Nestorianer wurde Aristoteles aber nicht nur bewahrt, durch sie wurden seine philosophischen und wissenschaftlichen Schriften vielmehr auch in das Syrische, Persische und schließlich in das Arabische übersetzt. Welcher Impuls damit der gesamten Geschichte in späterer Zeit gegeben werden konnte, welche neuen Welten damit eröffnet wurden, zeigt der epochale Wandel des Denkens im 11./12. Jahrhundert, den die Wiederentdeckung des Aristoteles in dieser Zeit ausgelöste. Da dieser Paradigmenwechsel jedoch an späterer Stelle genauer betrachtet wird, sei hier nun nochmals auf die Folgen der Ereignisse in Ephesus zurückgegriffen.

Im Zuge der Ablehnung der sich auf Aristoteles beziehenden Positionen, konnte jetzt die sich bereits in früher Zeit abzeichnende Hochschätzung Platons, wie es beispielhaft an Eusebius von Caesarea gezeigt wurde, noch stärker werden. Vermittelt vor allem durch Augustinus (+ 430) waren letztlich die ersten 1200 Jahre des abendländischen Christentums geprägt durch die Begegnung mit dem platonischen Denken in der Auslegung durch den Neuplatonismus. Dadurch wurde eine als eindeutig definiert erachtete Seins- und Wertordnung begründet, deren fraglose Gültigkeit fast das gesamte Mittelalter zu kennzeichnen schien. Beendet wurde diese Seins- und Wertordnung letztlich erst durch Wilhelm von Ockham, dessen (angenommenes) Todesjahr, das Jahr 1348, deshalb als symbolisches Ende des Mittelalters bezeichnet werden kann.

Dass der Franziskaner Ockham eine eigene Position einnimmt, zeigt schon sein Leben: Ockham führte heftigste Debatten mit der Kurie und beschuldigte sogar den in Avignon residierenden Papst Johannes XXII. der Häresie. Der Grund dafür war der sog. Armutsstreit, also der Streit, ob die Kirche weltliche Güter besitzen solle oder nicht. Dies war keineswegs nur ein theologischer Streit, letztlich ging es vielmehr darum, ob der Reichtum der Kirche und ihre weltliche Macht weiterhin als gerechtfertigt angesehen werden können oder nicht. Dass Ockham als Mitglied eines Bettelordens hier eine eindeutige Position bezog, muss wohl nicht ausgeführt werden. Sein Schreiben an den Papst, das er im Auftrag des Ordensgenerals Michael von Cesena verfasste, ist eindeutig. Einen Papst der Häresie zu verdächtigen war mutig und nicht ohne Folgen: Ockham musste aus Avignon fliehen und wurde von Ludwig IV. dem Bayern aufgenommen. Der Konflikt gewann damit aber auch eine politische Dimension. Ludwig hatte nämlich ebenfalls seine Differenzen mit Papst Johannes XXII. Letzterer hatte schließlich im deutschen Thronstreit zwischen Ludwig dem Bayern und Friedrich dem Schönen Partei für den Habsburger, also für Friedrich, ergriffen und er hatte Ludwig 1324 für abgesetzt erklärt und 1327 schließlich exkommuniziert. Dank Ludwig, der am 6. August 1338 mit dem Reichsgesetz „Licet iuris" alle päpstlichen Ansprüche auf Approbation der deutschen Königswahl zurückwies, konnte sich Ockham in München aufhalten. Ockham selbst führte bis zu seinem Tod einen politischen Kampf gegen das Papsttum und sprach sich deutlich für die Trennung von Kirche und Staat aus. Diese biographischen Hinweise sind zugleich Verweise auf sein Denken. Ockham entwarf nämlich eine neue Konzeption von Realität und löste damit die Rahmenbedingung auf, die es ermöglicht, von dem Mittelalter als einer eigenen Zeit zu sprechen.

Die neue Konzeption von Realität charakterisiert Flasch prägnant: Nach Ockham „ist alles, was wirklich ist, individuell. Es ist radikal individuell, d.h. es enthält nicht ein einzig reales Element, das allgemein wäre, also keinen `Wesenskern` oder dergleichen" (Flasch, 1987, 454). Im Gegensatz zu den Platonikern, seien diese nun tatsächlich Vertreter der Position Platons oder von Ockham nur als solche gesehen, betont Ockham, dass nur das Einzelne wirklich ist. Es gibt kein Ding, also auch keinen Menschen „an sich". Radikale Individualität, so Ockham, ist das Charakteristikum alles wirklich Seienden. Und insofern nur die Einzeldinge real sind, sind die Universalien nur in der Seele und in den Worten zu finden (vgl. Expos. aur. Praedicab. Prooem.; I Sent. d.2, q.7g). Was ist aber nun damit gemeint und welche Folgen sind damit verbunden?

Allein der einzelne Mensch ist wirklich, allein dem Individuum kommt Wirklichkeit zu. Das, was man sich als den „Menschen an sich", als das „Wesen des Menschen" denkt, ist ein allgemeiner Begriff, der aber gerade als solcher auch nur im denkenden Geist existiert. Der allgemeine Begriff ist eine mentale Realität, aber keine sachlich tatsächlich gegebene Realität. Begriffe, mit denen das als das Wesen gedachte Allgemeine verschiedener Einzelner zum Ausdruck gebracht werden soll, sind lediglich Zeichen. Das Allgemeine ist ausschließlich eine Leistung des Verstandes. Allgemeines, möge man es nun Wesen oder Idee nennen, existiert nicht für sich. Das Wesen hat keine eigene Existenz. Dem Universalen, dem Allgemein- und Gattungsbegriff entspricht nichts in der extramentalen Wirklichkeit. Die

Universalien, so Ockham, sind keine Substanzen, noch gehören sie zur Substanz des Einzeldinges; sie deklarieren vielmehr lediglich die Substanz der Dinge wie Zeichen (OT II, 254).
Die Konsequenzen dieses Ansatzes liegen auf der Hand. So wurde Ockham durch seine Betonung, das Individuelle sei als das allein real Existierende auch das Ersterkannte zum Wegbereiter des Empirismus. Und es gelang ihm, das individuelle Subjekt neu zu positionieren. Dem individuellen Subjekt obliegt es, sein Denken und Tun zu reflektieren und zu legitimieren. Was wahr, richtig und gut ist, kann der Einzelne nicht mehr in unabhängig von ihm existierenden Ideen suchen.
In Folge der nun grundsätzlich gewandelten Konzeption von Realität wurde konsequenterweise auch das aufgehoben, was sich im Zuge der Begegnung mit dem platonischen Denken entwickelt hatte: die Annahme einer als eindeutig definiert erachteten Seins- und Wertordnung. Und v.a. löste Ockham auch die Rahmenbedingung auf, innerhalb der sich mittelalterliches Denken und Leben vollzog: Er löste nämlich die von Boethius (+ 524) in die klassische Formulierung „fidem, si poteris, rationemque coniunge/verbinde nach Möglichkeit Glauben und Vernunft" (Utrum Pater et Filius et Spiritus Sanctus de Divinitate substantialiter praedicentur. PL 64,1302) gebrachte Bemühung um die Verbindung von Glauben und Wissen auf und bereitete der Autonomie des Wissens den Weg.
Ockham hatte sicher Vor- und Mitdenker, verwiesen sei nur auf Albertus Magnus, Thomas von Aquin, Robert Grosseteste, Roger Bacon, Johannes Buridanus, Nikolaus Oresme oder Petrus Aureoli. Außer Frage steht aber die Stringenz und Radikalität mit der Ockham dachte und argumentierte – eine Stringenz und Radikalität, die sich z.B. auch darin zeigt, dass er die Theologie nicht mehr als Wissenschaft im strengen Sinn gelten lassen wollte (OT 1,183-205). Das Bemühen um die Vereinbarkeit von Glauben und Wissen bzw. die (mehr oder weniger indirekt-direkte) Unterordnung des Wissens unter den Glauben war aufgehoben.
Nicht Wilhelm von Ockham an sich soll nun aber weiter verfolgt werden. Um sich dem mittelalterlichen Menschen bzw. der Frage, warum er so dachte, wie er dachte, warum er so handelte, wie er handelte, anzunähern, sollen vielmehr Rahmen- und Strukturelemente mittelalterlicher Lebens-

deutung betrachtet werden. Hier wird nun in besonderer Weise das relevant, was bereits mehrfach anklang: das hier geographisch auf den lateinischen Westen eingegrenzte Mittelalter ist eine Epoche von innerer Vielschichtigkeit. Wenngleich die boethianische Formulierung: „fidem, si poteris, rationemque coniunge/verbinde nach Möglichkeit Glauben und Vernunft" das Verbindende darstellt, ist das Verbundene keineswegs homogen. Wie die Differenz der symbolischen Randdaten bereits erahnen lässt, ist das Mittelalter von einer eigenen Entwicklung geprägt. Wie sich diese Entwicklung in den Rahmen- und Strukturelementen mittelalterlicher Lebensdeutung bzw. in deren Wandel ausprägte, steht im nun folgenden im Vordergrund. Durch die Betrachtung der Rahmen- und Strukturelemente wird es zudem auch möglich, die innere Vernetzung spezifischer Weltanschauungen mit dem konkreten Leben der Menschen aufzuzeigen. Zugleich entspricht dies den methodischen Grundlagen, die in Kapitel 1 thematisiert wurden: Um sich Sozialisationsprozessen anderer Zeiten anzunähern, ist es erforderlich, multiperspektivisch zu arbeiten und die Reflexionsebenen historischer Pädagogik, d.h. die subjektorientierte, die Beziehungs- und interaktionsorientierte sowie die systemorientierte Analyse zu verbinden.

Weiterführende Literatur:

Arens, P. (2004). Wege aus der Finsternis. München.
Beckmann, J. (1995). Wilhelm von Ockham. München
Brieskorn, N. (1991). Finsteres Mittelalter? Über das Lebensgefühl einer Epoche. Mainz
Bühler, A. et al. (2004). Das Mittelalter. Stuttgart
Christoph Cellarius. (1753) .Historia Universalis: Breviter Ac Perspicue Exposita; In Antiquam, Et Medii Aevi Ac Novam Divisa. Editio XI. Altenburgi
Cramer, T. (Hrsg.). (1988). Wege in die Neuzeit. München
Esch, A. (1994). Zeitalter und Menschenalter. Der Historiker und die Erfahrung vergangener Gegenwart. München
Flasch, K. (1987). Das philosophische Denken im Mittelalter. Von Augustin zu Machiavelli. Stuttgart
Goetz, H.-W. (1999). Moderne Mediävistik. Stand und Perspektiven der Mittelalterforschung. Darmstadt
Goetz, H.-W. (Hrsg.). (2000). Die Aktualität des Mittelalters. Bochum
Görg, M. (^{4}2002). Mythos, Glaube und Geschichte. Die Bilder des christlichen Credo und ihre Wurzeln im alten Ägypten. Düsseldorf
Graus, F. (Hrsg.). (1987). Mentalitäten im Mittelalter. Methodische und inhaltliche Probleme Sigmaringen
Hamilton, B. (2004). Die christliche Welt des Mittelalters. Der Osten und der Westen. Düsseldorf/Zürich
Kloft, H. (1999). Myterienkulte der Antike. Götter – Menschen – Rituale. München
Pitz, E. (2001). Die griechisch-römische Ökumene und die drei Kulturen des mediterranen Weltteils zwischen Atlantik und Indischem Ozean 270-812. Berlin
Scheibelreiter, G. (Hrsg.). (2004). Höhepunkte des Mittelalters. Darmstadt
Zwick, E. (2004). Spiegel der Zeit – Grundkurs Historische Pädagogik I. Antike: Griechenland - Ägypten - Rom – Judentum. Münster

3 Welten einer Zeit:
Rahmen- und Strukturelemente mittelalterlicher Lebensdeutung

Um noch einmal zurückzugreifen: Die Rahmenbedingung mittelalterlichen Denkens und Lebens kann mit der klassischen Formulierung des Boethius (+524) „fidem, si poteris, rationemque coniunge/verbinde nach Möglichkeit Glauben und Vernunft" wiedergegeben werden. Was ist aber Glaube? Ist Glaube eine subjektive Angelegenheit oder ist Glaube die Übernahme objektiver Wahrheiten? Zur Beantwortung dieser Frage sollte man bedenken, dass sich im Zuge der aus verschiedenen Wurzeln genährten Annahme, der (Neu-)Platonismus sei dem Christentum affin, die Vorstellung einer als eindeutig definiert erachteten und unumstößlich gegebenen Seins- und Wertordnung entwickelte. Auf diesem Hintergrund bedeutete wiederum Glaube, die ewigen Wahrheiten und Normen zu übernehmen und das Leben an ihnen auszurichten. Dass dem Glauben damit eine strukturierende Kraft zukam und dass Glaube und Religion nicht nur individuelle, sondern auch eine gesellschaftliche und politische Funktionen hatten, ergibt sich mit logischer Konsequenz. Dies kann anhand verschiedener Kontexte verdeutlicht werden.

Als ein Beispiel für die eigene Struktur mittelalterlichen Denkens kann das Strafrecht dieser Zeit angeführt werden. Betrachtet man nämlich einzelne Aspekte der damaligen Rechtspraxis, treten Phänomene hervor, die irrational und befremdend anmuten. Warum sollte z.B. die Folter dem Heil des Delinquenten dienen? Warum stand auf einen Frauenraub Enthauptung, auf einen versuchten Suizid Ertränken und Sieden und auf einen Diebstahl sowohl Hängen als auch Enthaupten, Ertränken und Sieden? Und warum wurden -v.a. im Spätmittelalter- auch Tiere angeklagt? Überliefert ist z.B. ein Prozess gegen Heuschrecken aus dem Jahr 1388. Der Pfarrer von Kaltern/Südtirol, so berichtet Schild, verwies damals die Tiere des Landes, weil sie Land und Leuten Schaden zugefügt hatten (Schild, 1989, 35). Tiere waren aber nicht nur Täter, sie galten auch als Zeugen. In dieser Funktion waren sie nicht nur für die Erhebung eines Tatvorgangs relevant, sie konnten auch durch Unterlassung schuldig werden. Der Sachsenspiegel, ein zwischen 1220 und 1235 von Eike von Repkow in deutscher Sprache verfasstes Dokument der volkssprachlichen Rechtstradition, bestimmte z.b., dass allen lebenden Wesen, also auch Tieren, die bei der Vergewaltigung einer Frau zugegen waren und trotz ihrer Hilferufe nicht einschritten, der Kopf abgeschlagen werden sollte (Repkow, ²1991, 161). Dass auch Tieren im Mittelalter ein ordentlicher Prozess gemacht wurde, lässt wohl die Frage laut werden, wie dies begründet wurde. Hier sollte man nicht vorschnell darauf schließen, dass Tiere als für ihr Tun voll und ganz verantwortliche Rechtspersonen betrachtet wurden. Ein Grund für die Verurteilung von Tieren lag vielmehr darin, dass man glaubte, auch Tiere könnten vom Teufel besessen sein. Der Hauptgrund war allerdings -und das ist zu beachten-, dass zwischen den Verursachern eines Schadens kein Unterschied gemacht wurde. Entscheidend war nicht der Täter, sondern die Tat. Und gerade dies erklärt spezifische Formen der mittelalterlichen Rechtspraxis. Wenn schon nicht unterschieden wurde, ob der Täter ein Tier oder ein Mensch war, so wurde konsequenterweise auch bei dem Menschen dessen Alter, Reife und Verantwortlichkeit wenig bedacht. Dass die Tat und nicht der Täter im Mittelpunkt stand, dass es sich also bei dem mittelalterlichen Strafrecht um ein Tatstrafrecht handelte, erklärt zudem, warum für eine Tat mehrere Strafen verhängt werden konnten. Die Tat Diebstahl zog eben die Strafen Erhängen, Enthaupten, Ertränken und Sieden nach sich. Bei allen Wandlungen des mittelalterlichen Strafrechts und trotz des Umstandes, dass je nach Ort, sozialem Stand und Geschlecht Vergehen durchaus unterschiedlich bestraft wurden, bleibt neben der Orientierung an der Tat noch ein weiterer Aspekt als grundsätzliches Element zu bestehen: Der Gesamtdiskurs um Strafe war von religiösen Vorstellungen geprägt. Dies zeigt vor allem das Verständnis des Verhältnisses von Recht und Moral, denn Recht und Moral fielen letztlich zusammen. Die Rechtsnormen waren sittliche und religiöse Normen. Recht und Strafe sollten dem Heil dienen. Die religiöse Komponente spielte deshalb auch bei der Folter eine Rolle, die als Methode der Wahrheitsfindung angesehen wurde. Dahinter stand der Gedanke, dass der Teufel, der den Menschen zu seinem Tun verleitet und gleichsam in ihm ist, keine Schmerzen aushält. Heilige hingegen, so zeigen es die Märtyrerlegenden, ertragen viele Schmerzen. Hatte der Übeltäter gestanden, war er zwar den Klauen des Teufels entrissen, aber was sollte man nun tun? Der Rechtshistoriker Schild betont in diesem Zusammenhang: Der Übeltäter „wurde nun als der `arme Sünder` oder überhaupt nur mehr als der `Arme` bezeichnet. Seine Bösartigkeit war vernichtet, aber er mußte selbst hingerichtet werden, und zwar sobald als möglich und durchaus auch in seinem eigenen Interesse: Denn er hatte schon einmal der Versuchung des Bösen nachgegeben, er war auch nach dem Geständnis gefährdet, das ewige Seelenheil zu verlieren. Seine Hinrichtung im Zustand der Reue und Buße, versehen mit den Tröstungen des heiligen Sakraments, bedeutete deshalb seine Errettung vor den ewigen Höllenqualen" (Schild, 1989, 12).

Die bis jetzt schon deutlich gewordene prägende Kraft der religiösen Vorstellungen und der Glaube an das Jenseits als dem eigentlichen Leben lassen sich, um an einem weiteren Beispiel in die mittelalterliche Mentalität einzuführen, auch am Umgang mit Sterben und Tod verdeutlichen. Da das Jenseits als der eigentliche Endzweck des Lebens, als das wahre Leben galt, ist es in sich konsequent, dass Sterben und Tod besondere Deutungen erfuhren.

„Media vita in morte sumus/inmitten des Lebens sind wir im Tode"! Dieser wahrscheinlich auf Notker den Stammler (+912) oder sein Umfeld zurückzuführende gregorianische Choral aus dem 10. Jh. war auch in den Predigten allgegenwärtig. Dies hatte letztlich nur einen Sinn: es sollte auf das wahre Leben verwiesen werden. Und dieses wahre Leben wurde wiederum durchaus konkret gedacht und verstanden. In den Briefen des Bonifatius (+754) wird von den Visionen eines Mönchs berichtet, die anschaulich die mittelalterlichen Vorstellungen über das, was den Menschen nach seinem Tod erwartet, zum Ausdruck bringen. Danach sah der Mönch Feuerschächte und zahlreiche Menschen flogen in Gestalt schwarzer Vögel durch die Flammen. Aus der Tiefe der Schächte hörte er Stöhnen und Klagen. Der ihn begleitende Engel erklärte ihm, dies wären die Seelen, die ohne Ende gepeinigt würden. Es war die Hölle. Der Mönch erblickte auch einen kochenden Pechstrom, den die Seelen nach dem Gericht auf einem hölzernen Steg überqueren mussten, um an das Ufer des Jenseits zu gelangen. Manche fielen zwar hinein, waren aber herrlich anzusehen, wenn sie am Ufer aus dem Strom stiegen. Dies waren, so der Engel, die Seelen, die noch von leichten Sünden gereinigt werden mussten. Jenseits des Pechstroms sah der Mönche jedoch Mauern voller Glanz. Und dies, so wurde ihm gesagt, war das himmlische Jerusalem, der Ort der ewigen Seeligkeit (Bonifatius, 1968, 30-43). Was hier als eine Vision berichtet wird, kann jedoch nicht als Vorstellung eines Einzelnen ad acta gelegt werden. Dazu entspricht sie zu sehr allgemeinen Denkmodellen. In den aus dem 12. Jh. stammenden Sentenzen des Petrus Lombardus (+1160) findet man nämlich ein Schema (Sent.1.4, dist.43-50), dessen Wirkungskraft schon daran ersichtlich ist, dass es zu einem kanonischen System der Eschatologie, der „Lehre von den Letzten Dingen" wurde. 1274 bestätigte das Konzil von Lyon das bis dahin schon systematisch erarbeitete Verständnis der „Letzten Dinge", der Dinge, die das Eigentliche im bzw. für das Leben des Menschen sein sollen. Unmittelbar nach dem Tod, so das Konzil, muss sich jeder Mensch einem Gericht stellen und hier wird die Entscheidung über das Geschick der Seele gefällt. Hier wird entschieden, ob sie in die Hölle stürzt, ob sie im Fegefeuer geläutert oder in den Himmel aufgenommen wird. Und am Ende aller Zeit, am Jüngsten Tag, werden sich alle Lebenden und Toten mit ihren Körpern vor dem Gericht Christi nochmals verantworten müssen (vgl. Denzinger/ Schönmetzer, [25]1965, 857f.). Nicht die kirchliche Lehre an sich ist in diesem Kontext jedoch zu betrachten, sondern die Frage, welche Bedeutung diese Letzten Dinge bzw. die Vorstellungen über sie für die Lebensdeutung und den Lebensvollzug des Menschen hatten. Dazu eröffnen v.a. die Deutungen dieser Letzten Dinge einen Weg. Beispielhaft kann dies an der Etymologie „mors a morsu" aufgezeigt werden. Caesarius von Heisterbach (+1242) leitete mors/Tod von morsus/Biss ab, d.h.: Für ihn kam es zur Bezeichnung mors für den Tod, weil die Schlange Adam zum todbringenden Biss in den Apfel verführte. Der Tod galt also als Folge des Sündenfalls des Menschen. Er war das Zeichen dafür, dass das irdische Leben des sündigen Menschen vergänglich ist und dass das eigentliche, wahre Leben, das ewige Leben nach dem Tod ist. Wie sich dies auf das Erleben von Sterben und Tod auswirkte, bringt die wohl berühmteste und angesichts dessen, dass von ihr über 150 lateinische Handschriften bekannt sind wohl auch verbreitetste mittelalterliche Jenseitsvision zum Ausdruck: die Visio Tundali, die Vision des Ritter Tundal aus dem Jahr 1148.

Im Jahr 1148 fällt der Ritter Tundal während des Essens in eine Ekstase, die drei Tage andauert. Und dazu sagt er: „Als meine Seele den Leib verließ und erkannte, daß jener [der Leib] gestorben war, begann sie sich im Bewußtsein ihrer Schuld zu ängstigen und wußte nicht, was sie tun sollte. Sie fürchtete sich nämlich, wußte aber nicht, was sie fürchtete. Sie wollte zu ihrem Leib zurückkehren, konnte aber nicht eindringen; sie wollte auch nach draußen gehen, aber erschrak überall sehr. Und so wandte sich die ärmste Seele hin und her im Bewußtsein ihrer Schuld, auf niemanden vertrauend außer auf Gottes Erbarmen. Und als sie sich so länger befand und weinend und heulend bebte und nicht wußte, was sie tun solle, sah sie schließlich eine so große Menge unreiner Geister zu sich kommen, daß sie nicht nur das ganze Haus und den Hof erfüllten, wo der Tote weilte, ... Wie sie aber diese arme Seele umringten, bemühten sie sich nicht, sie zu trösten, sondern vielmehr in Trauer zu versetzen, indem sie sagten: `Laßt uns`, sprachen sie, `dieser Armen den passenden Todes-gesang singen, weil sie eine Tochter des Todes ist und Nahrung für das unauslöschliche Feuer, eine Freundin der Finsternisse, eine Feindin des Lichtes`. Und zu ihr gewandt, knirschten sie alle wider sie mit den Zähnen und zerkratzen mit den eigenen Krallen aus großer Raserei ihre ganz schauerlichen Wangen, indem sie sagten: `Siehe, Armselige, das Volk, das du gewählt! Mit denen zu brennen, wirst du zur Höllentiefe fahren! Du Nährerin des Zankes, du Liebhaberin der Zwietracht, warum bist du nicht stolz? Warum treibst du nicht Ehebruch? Warum hurst du nicht? Wo ist deine Eitelkeit und eitle Wonne? Wo ist dein unbändiges Lachen? Wo ist deine Kraft, mit der du viele angegriffen hast? Warum zwinkerst du jetzt nicht mit den Augen, wie du gewohnt warst? Scharrst nicht mit dem Fuß, sprichst nicht mit dem Finger, brütest nicht Übles im bösen Herzen? Durch dies und Ähnliches erschreckt, konnte die arme [die Seele] nichts anderes als weinen, da sie den ihr von allen, die da waren, ohne Unterlaß angedrohten Tod erwartete" (Kortüm, 1996, 260f.).

Im Tod, so zeigt die Visio Tundali, glaubte man, trenne sich die Seele vom Körper. Und gerade diese Trennung von Seele und Körper ist in mehrfacher Hinsicht interessant.

Betrachtet man bildliche Darstellungen, so verlässt die Seele meist als kleiner nackter Mensch oder als Vogel den Körper. Beide Darstellungsarten sprechen dabei für sich. Die Darstellung der Seele als kleiner nackter Mensch verweist nämlich zugleich auf die Sündhaftigkeit des Menschen: nur Maria, die man als sündenfrei dachte, wird bekleidet dargestellt. Und die Darstellung der Seele als Vogel ist wiederum ein altes Erbe, man findet sie sowohl in der germanischen Mythologie als auch im alten Ägypten. Die Trennung der Seele vom Körper wirft darüber hinaus ein interessantes Licht auf die zugrundeliegende Anthropologie. Sie zeigt nämlich, dass das christliche Denken hier letztlich nicht der hebräischen Anthropologie, seiner eigentlichen Wurzel, folgte, sondern Denkmodelle der griechischen Philosophie, genauer gesagt: spezifische Interpretationen Platons übernahm. Da der Unterschied zwischen hebräischem und griechischem Denken in Spiegel der Zeit I ausgeführt wurde (vgl. Zwick, 2004, 133-135), sei er hier nur kurz skizziert. Im hebräischen Denken sind Körper, Seele und Geist keine Teile des Menschen, die nachträglich „psycho-somatisch" verbunden werden müssen, sie sind vielmehr Seiten des Menschen, Perspektiven, unter denen er gesehen werden kann: Basar/Fleisch, Körper ist der hinfällige Mensch, nefesch/Seele ist der bedürftige Mensch, ruach/Geist ist der ermächtigte Mensch. Konsequenterweise stirbt hier der ganze Mensch, eine Trennung von Körper und Seele ist undenkbar. Durch die bereits mehrfach angesprochene Tendenz des Christentums, platonische und christliche Gedanken als kompatibel zu verstehen, entwickelte sich jedoch eine von dualistischen Aspekten geprägte Anthropologie. Der Mensch wurde als aus Körper und Seele zusammengesetzt verstanden und der Körper wurde zudem als der die Seele letztlich hemmende niedere Teil gedacht. Dass es auf diesem Hintergrund zu einer Aufgabe des Menschen wurde, alles mit dem Körperlichen Verbundene zu überwinden und dass sich die dualistische Konzeption von Körper und Seele auch im Verständnis der Geschlechter ausprägte, wird an späterer Stelle noch genauer dargestellt werden und sei deshalb hier nur kurz erwähnt, um auf die Relevanz anthropologischer Grundgedanken zu verweisen. Die anthropologische Konzeption einer (wertenden) Differenzierung von Körper und Seele, um auf Sterben und Tod zurückzukommen, führt letztlich mit innerer Logik zu der Annahme, im Tod trenne sich die Seele vom Körper. Wenn sich die Seele im Tod vom Körper trennt und gerichtet wird und wenn sich aber auch -man rufe sich das soeben genannte Konzil von Lyon in Erinnerung- am Ende aller Zeit alle Lebenden und Toten mit ihren Körpern nochmals verantworten müssen, dann liegt es nahe, dass sich die Frage entwickelte, was zwischen diesen beiden Zeitpunkten geschehe. Im Zwischenzustand wartet die entleibte Seele auf den Jüngsten Tag und sie wird, wie das Symbol des Purgatoriums, des teilweise in Irland, teilweise am Ätna lokalisierten Fegefeuers, zum Ausdruck bringt, von lässlichen Sünden gereinigt.

Die Vorstellung des Purgatoriums kann zwar bis in die Frühzeit des Christentums -beispielsweise zu Tertullian (+220)- zurückverfolgt werden, interessant ist aber v.a. die spezifische Ausformung, die das Fegefeuer im Mittelalter erhielt. Die These des französischen Historikers Jacques Le Goff in seinem Werk „La naissance du purgatoire" (1981), die Idee des Fegefeuers sei um 1170/80 von den Pariser Intellektuellen entwickelt worden, muss angesichts der langen Tradition des Fegefeuers sicher hinterfragt werden. Trotzdem sollte aber nicht übersehen werden, dass Le Goff einen zentralen Aspekt zum Ausdruck bringt, den jede Beschäftigung mit dem Mittelalter berücksichtigen muss bzw. müsste. Religiöse Vorstellungen sind, das zeigt Le Goff, im Mittelalter Realität und ihre Entwicklung ist wiederum sowohl Ausdruck als auch Anstoß sozialer Veränderungen. Nach Le Goff entstand die Idee des Fegefeuers primär deshalb, weil die bis dahin übliche Vorstellung, im Jenseits gäbe es entweder den Himmel oder die Hölle, zwar dem Feudalzeitalter entsprach, aber nicht mehr der sozialen Realität im 12. Jahrhundert. Das Fegefeuer habe, so postuliert Le Goff, v.a. die Funktion, auch den Menschen, die bisher der Verdammnis preisgegebene Tätigkeiten ausübten wie z.B. die eines Geldverleihers oder Kaufmanns, Möglichkeiten der Errettung zu eröffnen. Die Entwicklung des Fegefeuergedankens sei deshalb, so weiter Le Goff, Ausdruck des wachsenden Selbstbewusstseins der mittleren Schicht der neuen städtischen Gesellschaft. Trotz ihrer Diskussionswürdigkeit sollen die Thesen Le Goffs hier nicht weiter betrachtet werden. Als Hinweis sei lediglich gegeben, dass sie stimmiger erscheinen würden, wenn nicht von der Geburt oder Entstehung des Fegefeuergedankens, sondern von dessen Systematisierung die Rede wäre. Im Mittelalter fand schließlich in der Tat die Systematisierung der Fegefeuerlehre statt und eine genauere Betrachtung der Systematisierung verdeutlicht zudem gerade das, worauf Le Goffs Thesen verweisen und was für den hier gegebenen Rahmen entscheidend ist.

Bei dem Gedanken des Fegefeuers steht nämlich nicht die Vertröstung auf das Jenseits im Vordergrund und es ist auch kein Stadium, das jeder in der gleichen Weise durchlaufen muss. Ob und wie es den Menschen betrifft, hängt von dessen eigenem Verhalten im konkreten Leben ab. Dass dies nicht gleichgesetzt werden kann mit bloßem Erfüllen von Geboten, sondern die innere Einstellung des Einzelnen betrifft, zeigt der Grundgedanke des Fegefeuers, dass der Mensch nachdem ihm seine Schuld vergeben wurde dort die Strafe für sein Tun verbüßt. Verständlich wird dieser Grundgedanke, wenn man bedenkt, dass die Systematisierung des Fegefeuers sachlich eng mit der Entwicklung des Bußsakramentes verknüpft ist. Kernelement des letzteren ist nämlich die Differenzierung von Strafe und Schuld, äußerer und innerer Buße. Und im Zentrum steht dabei nicht mehr die äußere Buße, die erbrachte Bußleistung, die der Priester je nach Schwere der Tat auferlegt hat. Mit der Bußleistung war zwar die Strafe abgeleistet, die Schuld blieb aber bestehen. Diese Schuld, und das ist das Entscheidende, wird nur durch die contritio, die innere Buße oder Reue von Gott erlassen. Über dem bloßem Erfüllen von Geboten steht demzufolge als das eigentlich Relevante die innere Einstellung.

Mentalitätsgeschichtlich betrachtet setzt dies allerdings ein Bewusstwerden von Individualität voraus, womit auch von dieser theologiegeschichtlichen Entwicklung her nochmals die schon mehrfach genannte Fragwürdigkeit der v.a. im pädagogischen Diskurs vertretenen These, das Mittelalter sei eine finstere Zeit, in der allein das Erfüllen einer vorgegebenen Seins- und Wertordnung vorgeherrscht habe, deutlich wird. Da die Frage, warum und in welcher Form sich im Mittelalter das Bewusstsein von Individuallität herausgebildet bzw. verändert hat, an späterer Stelle genauer betrachtet wird, möge hier der Hinweis genügen.

Verwiesen werden soll jedoch noch auf eine andere Komponente der Jenseitsvorstellungen, die man als soziale Funktion bezeichnen kann. Wie das sozial für alle Menschen gleichermaßen gültige Gericht als Ausdruck eines Verlangens nach ausgleichender Gerechtigkeit für das im Diesseits Geschehene gesehen werden kann, so zeigt auch das Fegefeuer eine Verbindung von Diesseits und Jenseits. Nicht nur, dass das konkrete Leben für das jenseitige entscheidend ist, ist hier zu nennen, sondern auch die Verantwortung der Lebenden für die Verstorbenen. Durch die Suffragien der Kirche konnten die Pönitenten im Fegefeuer Hilfe erhalten. Lebende konnten durch Almosen stellvertretend Buße leisten, aber auch das Rosenkranzgebet galt als hilfreich. Letzteres, dies sei am Rande erwähnt, verweist auf die besondere Rolle Marias. Bekannt ist wohl die sog. Maria lactans: die mit entblößten Brüsten dargestellte Maria nährt mit ihrer Milch die Seelen im Fegefeuer, damit sie den Ort der Seligkeit, den Himmel, erlangen. Der Himmel, Symbol des Trostes und der Vergeltung irdischer Mühsal, war Ziel aller Hoffnung und Sehnsucht und wurde im Mittelalter in verschiedenen Bildern dargestellt, sei es als das Himmlische Jerusalem, das Reich Gottes oder die Gottesstadt. Ihm stand der ewige Strafort, die Hölle, diametral gegenüber. Das Bild dieser Hölle prägten wiederum im wesentlichen zwei Theologen, nämlich Augustinus (+430) und Papst Gregor I., der Große (+604). Für beide stand dabei fest: Die Hölle ist ewig und ihr Feuer ist ein wirkliches, körperlich spürbares Feuer. Und ihre Vorstellungen wurden bald zur Quelle unzähliger Höllenvisionen. Da das Leben nach dem Tod, sei es im Himmel, in der Hölle oder vorerst einmal im Fegefeuer als das eigentliche wahre Leben galt, ist es wohl verständlich, dass die ars moriendi/die Kunst, gut zu sterben, als eine eigene, ja sogar als die beste Kunst galt. Wie sich diese konkret ausprägte, verdeutlicht der Umgang mit Sterben und Tod.

Der Sterbende sollte auf die Erde gelegt oder in die Kirche gebracht werden. Um zu symbolisieren, dass er Sünder ist, sollte er nackt sein oder auf einer Matte aus Ziegenhaaren liegen; um zu symbolisieren, dass er ein reuiger Sünder ist, sollte er aber auch mit Asche bestreut werden. Dass das Leben nach dem Tod als das entscheidende Leben galt, erklärt auch die Praxis der Sterberituale, d.h. der Beichte, der Krankensalbung und der

Kommunion, durch die der Sterbende gestärkt werden sollte. Zur Krankensalbung ist zu vermerken, dass sie ab dem 12. Jh. Letzte Ölung hieß und dies geschah nicht ohne Grund. Die Salbung wurde nämlich immer mehr auf die Zeit kurz vor dem Tod verschoben. Dahinter steht möglicherweise die Annahme, dass jemand, der die Salbung erhalten hatte und wieder gesund geworden war, so von und vor Gott gereinigt worden war, dass er in seinem weiteren Leben wie ein Gottgeweihter leben und auf ehelichen Verkehr und auf Fleischgenuss verzichten sollte. War der Mensch schließlich verstorben, sollten ihm nicht nur die Augen geschlossen werden, um die Anwesenden vor dem bösen Blick zu schützen, sondern auch der Mund. Durch den Mund, so die Vorstellung, entweicht ja die Seele: Und ist der Mund nicht verschlossen, so könnte die Seele zurückkehren oder der Verstorbene könnte einen Lebenden nach sich ziehen. Eingekleidet in weiße Gewänder und eingebunden in das Leichen-tuch wurde der Tote anschließend auf den Friedhof gebracht. Verwendet wurde dazu meistens das rê, das Totenbrett. Interessant ist in diesem Kontext, dass noch heute in Tirol und im Bayerischen Wald Sterben euphemistisch als „Brettlrutschn" bezeichnet wird. Wie sehr auch der Gang auf den Friedhof von religiösen Vorstellungen geprägt war, wird daran deutlich, dass der Tote auf dem Weg dreimal abgestellt werden sollte. Und auch dies hatte symbolischen Charakter. Es galt sowohl als Zeichen dafür, dass Jesus drei Tage im Grab war als auch als Bitte um Vergebung für alles, was in Worten, Werken und Gedanken getan wurde.

Ein Element der Riten ist heute wohl noch allgemein bekannt, man denke nur an die Requien von Mozart oder Verdi: das Dies Irae.

Dies irae dies illa/Tag des Zornes, jener Tag
solvet saeclum in favilla/löst die Welt(-Zeit) auf in Asche
teste David cum Sibylla/gemäß dem Zeugnis Davids und Sibyllas.

Mit diesen Worten beginnt die auf den Franziskaner Thomas von Celano (+1255) zurückgeführte Sequenz der Totenmesse. Plastisch werden hier die Schrecken des Jüngsten Tages vor Augen geführt, eindringlich wird auf die Bedeutung der Letzten Dinge verwiesen, wenn „quicquid latet apparebit", wenn der Mensch mit dem konfrontiert wird, was er handelnd aus sich selbst gemacht hat. Der Mensch ist folglich nicht einfach gegeben, er ist sich selbst aufgegeben. Und er muss sich v.a. dafür, wie er diese Aufgabe gestaltet hat, verantworten. Wie damit deutlich wird, sind auch diese Letzten Dinge eng mit anthropologischen Vorstellungen verbunden. Und gerade diese anthropologischen Vorstellungen sollten angesichts ihrer grundsätzlichen Relevanz für Erziehung und Bildung wohl doch etwas genauer betrachtet werden.

Was ist der Mensch? Auf diese Frage hätte man im Mittelalter geantwortet: Er ist peccator et imago dei, Sünder und Abbild Gottes und steht, wie die folgende schematische Darstellung zeigt, zwischen Engel und Tier.

Gott	
Engel	Geist
Mensch	Vernunft
Tier	Sinneswahrnehmung
Pflanze	Leben

Nicht nur die Zuordnung von Engel und Geist, Mensch und Vernunft, Tier und Sinneswahrnehmung an sich, sondern auch, dass es sich dabei um eine Stufenordnung handelt, lässt bereits erkennen, dass die Frage nach dem Verhältnis von der an den Körper gebundenen Sinneswahrnehmung und der mit dem Geist verbundenen Intellektualität ein eigenes Problem darstellte. Wie dieses Problem gesehen und wie vielfältig es reflektiert wurde, wird an späterer Stelle anhand der Konzeptionen von Augustinus (+430) und Thomas von Aquin (+1274) ausgeführt werden. Und dass es kein theoretisches Problem war, sondern eine grundlegende Bedeutung für das Leben der Menschen hatte, wird im Kontext des Umgangs mit Kindern und Frauen noch verständlich werden. Wie schon erwähnt muss neben dieser

Stufenordnung das Verständnis des Menschen als peccator et imago dei als ein weiteres Grundelement des mittelalterlichen Menschenbildes betrachtet werden.

Worin die prinzipielle Sündhaftigkeit des Menschen gründet, zeigt der Gedanke der Erbsünde, genauer gesagt: deren spezifische Akzentuierung durch Augustinus (+430). Augustinus konnte kaum Griechisch, übersetzte aber trotzdem. Im Anschluss an den Ambrosiaster, einen unter Papst Damasus (+384) in Rom entstandenen und unter dem Namen des Bischofs Ambrosius überlieferten Kommentar zu 13 Paulusbriefen, verstand Augustinus das „eph`hô pántes hermaton/weil alle sündigten" des Römerbriefes (5,12) als „in quo omnes peccaverunt/in welchem alle sündigten". Die Erbsünde wurde damit kausal auf Adam als den ersten Menschen zurückgeführt. Augustinus sah in ihr nur noch eine Sünde: die Sünde, die von Adam auf alle Menschen übergeht und er führte v.a. auch eine die Folgezeit entscheidend prägende Sexualisierung des Sündenbegriffes ein. Aufgrund der sündigen Willensbewegung der Begierlichkeit werden alle Menschen allein durch die Fortpflanzung zu Sündern, die Erbsünde wird durch die Lust beim Geschlechtsverkehr übertragen.

Aufgrund seiner sündhaften Natur neigt der Mensch zu selbstschädigenden Eigenschaften wie superbia/Stolz, avaritia/Geiz/Habsucht, invidia/Neid, ira/Zorn, luxuria/Vergnügungssucht/Unzucht, gula/Völlerei/Maßlosigkeit und acedia/Faulheit/Trägheit/üble Laune, aber auch zu sozial verwerflichem Tun, sei es die Unterdrückung von Armen und Waisen, soziale Ungerechtigkeit oder Tötung. Interessant ist in diesem Kontext, dass man die Neigung zu spezifischen Arten von Fehlverhalten mit gesellschaftlichen Differenzierungen verband. Le Goff verweist auf ein Vorsatzblatt einer Florentiner Handschrift aus dem 13. Jh., wonach der Teufel einige Töchter hat, die er gezielt verheiratet. So verheiratet er die Amtserschleichung mit den beamteten Klerikern, die Heuchelei mit den Mönchen, die Raublust mit den Rittern, die Lästerung mit den Bauern, die Verstellung mit den Schergen, die Wucherei mit den Bürgern und die Putzsucht mit den Matronen. Seine Tochter mit dem Namen Wollust will er aber nicht nur einem Stand geben, sie ist für alle da (vgl. Le Goff, 1996, 36f.). Um trotz seiner sündhaften Natur in das Jenseits zu gelangen, galt es für den Menschen, die

Gebote Gottes zu erfüllen. Und hier sollte man sich vor Augen führen, dass dies durchaus gesellschaftliche Relevanz hatte. Zu den zu erfüllenden Geboten zählte nämlich auch, dass man Gott in dem ordo, in den man gestellt wurde, dienen sollte.

Was waren aber diese ordines? Ordo kann, dies sei vorausgeschickt, nur bedingt mit dem durch die Entwicklungen des 19. und 20. Jahrhunderts in einer eigenen Weise besetzten Begriff Stand wiedergegeben werden. Zwar wird im Kontext des Mittelalters meist von Stand gesprochen, dabei sollte man aber bedenken, dass der Begriff in einer offenen Form, etwa im Sinne von „eine Art von Ordnung" zu verwenden ist. Für die Frage, in welchen ordines man leben solle, gewann nun ein Topos besondere Bedeutung, der erstmals Ende des 9. Jh. im Kommentar zu der von König Alfred dem Großen (+899) ins Angelsächsische übertragenen „Consolatio philosophiae" des Boethius (+524) begegnet und nicht zuletzt durch Adalbero von Laons (+1030) „Carmen ad Rotbertum regem" im 11./12. Jh. zu einem Grundmotiv wurde. Gemeint ist der 296. Vers dieses politischen Gedichtes für König Robert: „Triplex ergo Dei domus est, quae creditur una. Nunc orant, alii pugnant aliique laborant".

Die Gesellschaft wird hier als eine in drei ordines geteilte soziale Einheit beschrieben, die sich aus den oratores, den bellatores und den laboratores zusammensetzt, aus den Betenden, den Kämpfenden und den Arbeitenden. Die Frage, ob und inwiefern sich hier eine Aufnahme der Ständedifferenzierung in Platons Politeia (vgl. Zwick, 2004, 54-57) widerspiegelt wäre ebenso interessant wie die Frage, ob und inwiefern diese Trifunktionalität Ausdruck gesellschaftlicher Realität ist. Beide Fragen sollen aber nicht weiter diskutiert werden. Entscheidender für den hier zentralen Rahmen ist nämlich, dass dieser Topos als Deutungs- und Orientierungsmuster fungierte. Zwar oblag es jedem ordo, in seinem Rahmen Gott zu dienen, aber nicht allen ordines wurde der gleiche Wert zugedacht. So wurden mit den den Mönchen gleichgesetzten Betenden besonders positive Akzentuierungen des Menschseins verknüpft. Letztlich galten sie als Realisierung des bestmöglichen Menschseins. Alles mit positiver Wertigkeit Versehene glaubte man bei ihnen verwirklicht: nicht das Diesseits und den Leib, sondern das Jenseits und die Seele glaubte man im Mit-

telpunkt ihres Lebens und Strebens. Wahres Christentum und monastisches Leben wurden identifiziert, das monastische Leben galt als vollkommenste Lebensform. Der Mönch galt als sichtbare Form dessen, was Sein und Werden des Menschen bestimmte: er war gleichsam die sichtbare Form der imago dei.
Was heißt es aber Bild Gottes zu sein?
Im Urtext der hebräischen Bibel wird in Genesis 1,26f. das Bild-Gottes-Sein mit zwei Begriffen ausgedrückt: saelaem und demut. Dies ist bereits an sich interessant, noch interessanter wird es durch die christliche Interpretation. Im Anschluss an den Römerbrief 8,29 ging man davon aus, dass Christus die durch die Sünde beeinträchtigte Gottebenbildlichkeit wiederhergestellt hat und man sah diese Wiederherstellung zugleich als Höherführung und Vollendung. Unter Aufnahme des homoiosis-Begriffes der platonischen Tradition wurde auf diesem Hintergrund die Synonymität der Begriffe saelaem und demut aufgegeben. Bereits in der ältesten Übersetzung der hebräischen Bibel ins Griechische, der Septuaginta, findet man eikon und homoiosis für saelaem und demut, die älteste lateinische Übersetzung, die Vulgata, verwendet imago und similitudo. Und dies sind keineswegs mehr oder weniger zufällige Wortspielereien. Dass eikon bzw. imago für saelaem und homoiosis bzw. similitudo für demut steht, bringt vielmehr zum Ausdruck, dass die Gottebenbildlichkeit nicht einfach gegeben ist.
Zwischen eikon/imago und homoiosis/similitudo besteht ein Unterschied: ersteres ist eine Wesensbestimmung, letzteres eine Sollbestimmung. Als Geschöpf Gottes ist zwar jeder Mensch imago, similitudo zu erlangen, ist ihm jedoch aufgegeben. Entscheidend ist nun aber v.a., dass die Sollbestimmung der similitudo material verstanden wurde, d.h. sie wurde mit inhaltlichen Vorgaben, mit einer als objektiv gegeben gedachten Seins- und Wertordnung verbunden. Als entscheidend galt, die vorgegebenen Werte und Normen zu erfüllen, deren unveränderbare Gültigkeit man darin begründet glaubte, dass sie von Gott gesetzt wurden. Dass der daraus resultierende normierende Charakter einer unumstößlichen Seins- und Wertordnung weitreichende Folgen für das Selbstverständnis und den Selbst-

vollzug des Menschen hatte, erschließt sich von selbst. Christus ähnlicher zu werden galt als ethisches Soll. Die imitatio Christi wurde zentral. Auf diesem Hintergrund wird nochmals verständlich, warum der Mönch als ideale Form des Menschseins galt und verständlich wird auch, warum Heilige im Mittelalter eine so zentrale Funktion hatten. Der Heilige galt als höchste Form des Menschen. Zwar bedingten kulturelle Entwicklungen auch Veränderungen des Heiligenbildes, aber bei allem Wandel blieb die Funktion der Heiligen gleich. Ihr Leben sollte das Ideal christlichen Lebens veranschaulichen. Welche Konsequenzen damit verbunden waren, wird im Kontext der Erziehung im Mittelalter noch deutlich werden. Dass Heilige wie insgesamt religiöse Vorstellungen eine so prägende Kraft entfalten konnten, ist noch mit einem weiteren Aspekt verbunden, dessen Betrachtung unerlässlich ist, um sich den Rahmen- und Strukturelementen mittelalterlicher Lebensdeutung anzunähern: die Wirklichkeitskonstitution des mittelalterlichen Menschen

Um sich dieser Wirklichkeit zu nähern, sollte man sich nochmals daran erinnern, dass die ersten 1200 Jahre des abendländischen Christentums geprägt waren durch die Begegnung mit dem platonischen Denken bzw. durch eine eigene Interpretation Platons. Auf diesem Hintergrund wird der Grundduktus der Wirklichkeitskonzeption verständlich.

Als eigentliche Realität galt das göttliche Urbild, alles Irdische war lediglich Abbild. Da es aber von Gott geschaffen wurde, hatte auch alles Irdische einen von Gott verliehenen Sinn und dieser von Gott in die Dinge gelegte Sinn war die eigentliche Realität. Um diese Realität zu erkennen, sind logische Analysen wohl kaum ein gangbarer Weg. Um zu dem religiös-moralischen Sinn zu gelangen, also zu dem, was als die eigentliche Realität verstanden wurde, wurden vielmehr durch Analogisierungen und Allegorisierungen Ähnlichkeiten und Beziehungen gesucht. Ein Beispiel kann dieses dem modernen Denken wohl etwas fremde Verständnis von Realität und die Art, wie versucht wurde, diese Realität zu erfassen, verdeutlichen.

Konrad von Megenberg (+1374) schreibt in seinem Tierbuch, der ältesten deutschen Naturgeschichte, zu dem Esel: „Asinus auf Latein heißt zu Deutsch ein Esel. Das Tier weiß nichts von Streit und Kampf, denn es ist gar friedlich: Unter harten Schlägen ist es sanftmütig und freundlich. Es trägt gar schwere Lasten. Das sind die guten Eigenschaften, die der Esel hat. Aber seine Laster sind, daß er unkeusch ist ... Die Eselin bringt selten zwei Junge zur Welt und wenn ihre Zeit zum Gebären kommt, so flieht sie das Licht und sucht die Finsternis, damit sie von dem Menschen nicht gesehen wird." Interessant ist, was Konrad von Megenberg damit verbindet. Er schreibt nämlich weiter: „Deshalb sagt die Heilige Schrift: Deine linke Hand soll nicht wissen, was deine rechte Hand tut. Die Eselin gebärt so lange wie sie lebt, das ist bis zu 30 Jahren; so soll auch der Mensch fruchtbar sein mit guten Werken bis an sein Ende. Deshalb sagt die Heilige Schrift: Wer verharrt bis an sein Ende, der wird errettet. Einige Esel trinken nur vertrautes Brunnen- und ganz gutes Wasser. Deshalb sagt die Heilige Schrift in dem zweiten Buch der Weissagungen des Jeremias: Was jetzt Mensch, welche Kraft hast du auf dem Weg nach Ägypten, daß du trübes Wasser trinkst? (das ist das weltliche Wissen, das trüb und finster ist). Und was ist dir an dem Weg der Leute, die Assyrer heißen, daß du fließendes Wasser trinkst? (das ist die lebendige, göttliche Weisheit). ... Ich sage auch, daß der Esel vorne, wo er schwach ist, ein Kreuz auf dem Rücken trägt und hinten, wo er die Nieren trägt, da ist er stark. Ebenso verhalten wir leichtlebigen Geistlichen uns: Wo wir das Kreuz tragen sollen mit Fasten und mit Beten und mit allem göttlichen Dienst, da sind wir leider schwach; aber wo wir Unkeuschheit und Ausschweifung tragen, da sind wir stark" (Megenberg, 1989, 38-40).

Die Tierwelt wird hier allegorisch ausgelegt und gemäß dem Grundsatz „omnis natura deum loquitur", alle Natur bringt Gott zum Ausdruck, sind nicht nur Worte, sondern auch Dinge Träger von Bedeutungen. Alle erfahrbare Wirklichkeit ist letztlich mit Zeichen durchsetzt, ihr allegorischer Sinn ist das Eigentliche. Nicht was etwas wirklich ist, stand zur Frage, sondern was es bedeutet, welchen Sinn Gott in etwas gelegt hat. Was dem modernen Denken folglich eine Deutung ist, war diesem Denken Realität. Umberto Eco nennt diesen allumfassenden Allegorismus bzw. dessen Folgen „eine Art halluzinatorische Erfahrung der Welt" (Eco, 1987, 22). Da alles von Gott geschaffen wurde, hatte es auch einen von ihm verliehenen Sinn und dieser Sinn war das Wesentliche. Die eigentliche Realität lag allein in den göttlichen Urbildern, alle irdischen Dinge waren lediglich deren Symbol. Entscheidend ist dabei, dass diese Symbol-haftigkeit nicht als Ausdruck einer Vorstellung galt, sondern den geistigen Gehalt der Dinge selbst darstellte. Das für ein heutiges Verständnis „Reale" kann folglich in diesem Denkrahmen nicht nur um seiner selbst willen betrachtet werden. Es ist Mittel zur Erkenntnis Gottes. Sinnlich Wahrnehmbares wird im Zuge dessen instrumentalisiert und funktionalisiert. Sachwissen, sei es z.B. -wie anhand Konrad von Megenberg gezeigt wurde- biologischer Art, wurde mit moralischem und religiösem Inhalt verbunden. Oder anders bzw. genauer gesagt: das Wissen wurde letztlich mit einem moralischem und religiösen Sinn verbunden und dieser moralische und religiöse Sinn war das Wesentliche. Der in den Dingen enthaltene Sinn galt als der von Gott gegebene, objektive Sinn und damit als die wahre Wirklichkeit. Konsequenterweise war es -zumindest in der Frühzeit des Mittelalters- nicht das zentrale Anliegen, alles Sichtbare und Erfahrbare als solches zu erforschen. Alles Sichtbare und Erfahrbare war vielmehr Material für religiöse Allegorien und moralische Lehren. Mittels einer symbolisierenden und allegorisierenden Betrachtungsweise versuchte man, die wahre Wirklichkeit zu erfassen. Dass dieses symbolische Denken konstitutiv werden konnte für die Wirklichkeitskonstitution des Menschen lag sicher auch darin begründet, dass das Mittelalter mehr eine Kultur der Gestik als eine Kultur der Bücher war und bildlichen Darstellungen wie jeder Zeichenhaftigkeit prinzipiell der Vorzug gegeben wurde.

Im Kontext dieser Priorität des Bildhaft-Anschaulichen ist nun aber noch ein weiterer Aspekt zu nennen, der als Spezifikum mittelalterlicher Wirklichkeitskonstitution zu betrachten ist. Die Priorität des bildhaft-anschaulichen Denkens gewann nämlich gerade dadurch einen bezeichnenden Eigencharakter, dass man dem bildhaft Vorgestellten eine eigene, vom Betrachter völlig losgelöste Realität zusprach. Die bildhafte Deutung der sichtbaren Welt als Schöpfung wurde nicht als gedankliches Deutungsmuster und sprachliches Bild gesehen, sondern als unumstößliche Realität. Die wahrnehmbare Welt war eine Metapher des Göttlichen. Um diese jedoch adäquat erfassen zu können, wäre ein Denken, das sich gemäß heutiger Struktur um wertfreies Feststellen und Ordnen nach dem Zusammenhang von Ursache und Wirkung bemüht, nicht der gangbare Weg. Dem von Gott in die Dinge als deren eigentliches Wesen gelegten Sinn versuchte man vielmehr durch Allegorisierungen und Analogisierungen nahe zu kommen. Dieses Denken in Allegorisierungen und Analogisierungen erklärt auch, warum scheinbar Widersprüchliches nicht als Widerspruch gesehen wurde. Für uns ist der Löwe ein Löwe. Im Mittelalter konnte er sowohl Christus als auch der Teufel sein – und Christus und der Teufel sind ja wohl doch ein Widerspruch. Dieser Grundstruktur des Denkens entsprechend konnte sich die Frage, was etwas an und in sich ist, nicht stellen. Nicht das Bemühen um das Verständnis einer Sache an sich war zentral, sondern das Bemühen, deren Zeichenhaftigkeit zu deuten. Zeichen des Unsichtbaren und Übernatürlichen zu sein, war für alles Erfahrbare und Sichtbare nicht sekundär, sondern substantiell. Was dem modernen Denken eine Deutung ist, war diesem Denken Realität. Welche Folgen hat nun aber diese Realsetzung von Gedachten?

Hält man sich vor Augen, dass das über das zur Erfahrung Stehende Gedachte und Gesprochene letztlich als die eigentliche Realität galt, dass also das Gedachte nicht als Gedachtes, sondern als in und für sich stehende Realität wahrgenommen wurde, wird nachvollziehbar, dass das konkret Erfahrbare nur mittelbar und metaphorisch wahrgenommen werden konnte. Die Realsetzung des Gedachten, der Begriffe, ließ letztlich zudem aus logischen Differenzierungen reale, aus ontologischen Verhältnissen ontische werden. Der gedankliche Akt wurde ins Dinglich-Anschauliche verlegt: was im Denken unterschieden werden kann, sei es z.B. Diesseits und Jenseits, Leib und Seele, konnte damit zu einer realen Differenz werden. Was im Denken personifiziert werden konnte, wie etwa das Böse in Gestalt des Teufels, wurde auch als Person erlebt. Der Einzelne wurde letztlich einem Tummelplatz der Geister, einer Welt der Ängste überlassen. Kann dies ein Grund für das Erleben des Mittelalters als einer finsteren Zeit sein?

Gerade die Realsetzung von Gedachtem, von Begriffen ist nun aber auch eines der Probleme, anhand derer sich innerhalb des Mittelalters ein neues Denken entwickelte. Denn wie schon zu Beginn angesprochen wurde: *das Mittelalter gibt es nicht*. Es ist eine Zeit, die vielfältige Ansätze und Strömungen in sich birgt. Es ist nicht nur die Zeit der Analogisierungen und

Allegorisierungen, sondern auch die Zeit, in der die Anfänge modernen Denkens liegen. Und um sich dem Mittelalter adäquat anzunähern, um die Welten dieser Zeit vorzustellen und damit die Vielfalt der Rahmen- und Strukturelemente mittelalterlicher Lebensdeutung anzusprechen ist es erforderlich, auch den Aspekt genauer zu betrachten, der schon mehrfach anklang: den Wandel in der Zeit des 11. und 12. Jahrhunderts. Ein Problem kann dabei diesen Umbruch mitsamt seinen Folgen exemplarisch verdeutlichen: das Universalienproblem.

Der soeben dargelegten Prämisse einer vom Menschen unabhängig gegebenen objektiven und ewigen Ordnung entspricht letztlich die Annahme, dass die sinnlich wahrnehmbare Welt nicht im eigentlichen Sinn real ist. Die Einzeldinge sind Erscheinungen, konkrete Manifestationen von hinter ihnen stehenden Universalien, von ewigen Ideen, die dem Einzelding erst seinen Wert verleihen. Unter diesem Gesichtspunkt erhält alles Individuelle, also auch der individuelle Mensch seine Wahrheit erst durch ein Allgemeines. Und gerade daran lässt sich die Bedeutung des Universalienstreits verdeutlichen. Zunächst einmal sollte man sich allerdings fragen: was sind die Universalia?

Betrachtet man z.B. verschiedene sinnlich wahrnehmbare einzelne Menschen, so kann durch Abstraktion das erkannt werden, was ihnen gemeinsam ist und dieses ihnen Gemeinsame kann man sprachlich auf einen Begriff bringen. Ist dieses im Begriff ausgedrückte Allgemeine jedoch Konstruktion der Sprache oder Ausdruck der Realität? Besteht das allen Gemeinsame, das Wesen, an und für sich außerhalb des Denkens? Wäre dies der Fall, so wären unabhängige Wesenheiten Grundlagen der Allgemeinbegriffe und ihnen käme vor allem Individuellen ein prinzipieller Primat zu. Hat aber das, was man im Allgemeinbegriff ausdrückt, eine für sich bestehende Wirklichkeit? Was ist das wesenhaft und ursprünglich Wirklichere? Das Allgemeine oder das Individuelle?

Die Allgemeinbegriffe sind real, betonten die Realisten wie z.B. Wilhelm von Champeaux (+1121). Real ist das Einzelne, alles Allgemeine ist Abstraktion, es ist nur ein Name, ein Zeichen, vertraten hingegen die Nominalisten wie z.B. Roscelin (+1125). Petrus Abaelard (+1142) versuchte hier zu vermitteln: universalia sunt ante et post rem, sicut in re. Das Allgemeine

existiert nicht an sich, es ist ein mittels Abstraktion aus den Einzeldingen gewonnener Begriff. Und v.a. sollte man nicht allein von einem Wort auf den Inhalt schließen. Die syntaktische Stellung des Wortes ist vielmehr entscheidender für seine Bedeutung.
Nicht die philosophische Diskussion an sich soll nun aber im Vordergrund stehen, sie soll und kann vielmehr als Ausdruck eines prinzipiellen Wandels gesehen werden. Denn dass die Diskussion nicht als 'intellektuelle Spielerei' angesehen werden kann, wird wohl schon daran deutlich, dass Papst Innozenz II. (+1143) Petrus Abaelard am 17. Juli 1140 zu ewigem Stillschweigen verurteilte. Warum galt die Position als so bedenklich? Ahnte man, dass sie die Grundlagen der bisher alles stabilisierenden ewigen Seins- und Wertordnung erschütterte? Wirft man an dieser Stelle einen Blick auf die Entwicklungen der Zeit, zeichnet sich in der Tat ein prinzipieller Wandel ab, ein Wandel, der das konkrete Leben der Menschen nicht minder betraf als ihre Sicht und Deutung der ihr Leben bestimmenden Strukturen. Und dieser Wandel verdeutlicht insbesonders in welcher Form sich der Mensch in Abhängigkeit von und in Auseinandersetzung mit den sozialen und dinglich-materiellen Lebensbedingungen entwickelt. Wie lässt sich aber dieser Wandel konkretisieren? Was kennzeichnet die heute im Mittelpunkt der Geschichtsforschung stehende Zeit von 1050-1250, die Zeit des Hochmittelalters?
In Folge eines über einen längeren Zeitraum günstigen Klimas und in Folge zahlreicher Erfindungen wie der des eisernen Pflugs, der Wind- und Wassermühlen und des Pferdegeschirrs kam es zu einem beträchtlichen ländlichen Wachstum. Der Rückgang der wenig ertragreichen Viehwirtschaft zugunsten des Landbaus und v.a. die Durchsetzung der gegenüber der herkömmlichen Zwei-Felder-Bebauung (Saat-Brache) weit ertragreicheren Drei-Felder-Wirtschaft (Sommergetreide-Wintergetreide-Brache) führte auch zu materiellen Besserstellungen. Das Gesamt der Faktoren führte sogar zu einer explosionsartigen Zunahme der Bevölkerung. Dinzelbacher geht z.B. davon aus, dass sich in dieser Zeit die Bevölkerung in Europa von 40 Millionen auf 60 oder sogar 80 Millionen vermehrt haben dürfte (Dinzelbacher, 2003a, 11). Hand in Hand mit dem demographischen Wachstum lässt sich auch eine fortschreitende soziale Differenzierung

ausmachen. Die noch weitgehend homogenen Gruppen des frühen Mittelalters, also der Adel und seine Gefolgschaft, die Bauern und der Klerus spalteten sich zunehmend auf. Und es kann wohl als eines der bezeichnendsten und folgenreichsten Phänomene der Zeit betrachtet werden, dass sich in den aufblühenden Städten das Bürgertum entwickelte und etablierte. Damit war vieles verbunden, was heute allzu vertraut ist.
„Stadtluft macht frei" – an den Stadtmauern endete die Herrschaft der Lehns- und Grundherren. In der Stadt herrschten aber stattdessen Patrizier und Zünfte. Handel und Geldwirtschaft florierten und es entwickelte sich eine Wirtschaftsform, die man später Handelskapitalismus nannte. Der alte Gegensatz von Freien und Unfreien endete zwar an den Stadtmauern, dafür gab es jedoch einen anderen Gegensatz: den zwischen Reichen und Armen. Und so wie erstere die Führungsschicht der Patrizier bildeten, so waren letztere nicht einmal Bürger, sondern lediglich Inwohner einer Stadt. Die Reichen, meist Kaufleute, produzierten nicht selbst, sondern vergaben Arbeit an nicht in Zünfte eingebundene Lohnarbeiter. Dass diese in Krisenzeiten nicht einmal das Existenzminimum verdienten, muss wohl nicht ausgeführt werden. Neben diesem sozialen Wandel bzw. mit ihm verbunden zeichnen sich in den Städten eigene und weitreichende Entwicklungen ab. Neben dem Handel, dem Handwerk und der Arbeitsteilung ist hier v.a. auf die Ablösung der Natural- durch die Geldwirtschaft zu verweisen. Wurde dies als Segen wahrgenommen? „Geld verkauft sich, macht sich bezahlt, häuft es sich doch von selbst. Geld kauft die Welt und lässt sie hinter sich stehen .... Geld ist das Oberhaupt aller und der Führer der Völker", klagte Gottfried von Cambray (+1107), Prior von Winchester (Dinzelbacher, 2003a, 22). Und es spricht für sich, dass bei den bildlichen Darstellungen der Hölle der Wucherer mit dem Geldsack in den Händen nun eine besondere Position bekommt. Ist es Zufall, dass zeitgleich der Kampf gegen die Simonie, d.h. den Erhalt geistlicher Ämter und Würden gegen Bezahlung und der Kampf gegen den starken Einfluss der Laien so große Probleme für die Kirche darstellten, dass sie sogar zu einer Kirchenreform führten? - Es kann wohl kaum als Zufall betrachtet werden.
Die aus der Klosterreform des 10. Jh. hervorgehende Kirchenreform des 11. Jh. verfolgte v.a. drei Ziele: den Kampf gegen die Simonie, den Einsatz

für den Zölibat und die Abwehr des starken Einflusses der Laien. Papst Leo IX. (+1054) erließ 1049 auf den Synoden von Reims und Mainz nicht nur Beschlüsse gegen Simonie und Priesterehe, sondern wurde auch noch unter einem anderen Aspekt relevant. Leo IX., genauer gesagt: sein Mitarbeiter Humbert von Silva Candida (+1061) bezeichnete nämlich den König als Laien, d.h. er lehnte dessen halbgeistliche Stellung ab. Und im Zuge dessen wurde postuliert, der König könne keine Bischöfe ernennen, Staat und Kirche seien zu trennen. Was hier schon anklang, wurde unter Papst Gregor VII. (+1085) Programm. Im „Dictatus Papae" von 1075 sprach sich Gregor VII. nicht nur gegen Simonie und Priesterehe aus, folgenreich war v.a., dass er bestimmte, der Papst könne Kaiser absetzen und er könne die Untertanen von der Treue gegenüber ihrem Herrscher entbinden. Und dies sagte Gregor VII. nicht nur: indem er den deutschen König Heinrich IV. (+1106) bannte, absetzte und 1077 zum Gang nach Canossa zwang, praktizierte er es auch. Der langandauernde „Kampf der zwei Schwerter", der Kampf zwischen Papsttum und Kaisertum soll nicht weiter verfolgt werden. Denn nicht die Auseinandersetzung an sich ist für die hier zentrale Thematik relevant, sondern vielmehr das, worauf die Auseinandersetzung mentalitätsgeschichtlich verweist. Sie verweist nämlich auf das, was schon an früherer Stelle bei Wilhelm von Ockham (+1348) deutlich wurde: auf die zunehmende Differenzierung der religiösen und säkularen Ebenen.
Der Kampf um die Investitur der Bischöfe, der Kampf, ob dies Sache der staatlichen oder kirchlichen Macht war, förderte zudem -nolens volens- einen der zentralsten Aspekte der Zeit: die Entwicklung eines neuen Denk- und Argumentationsstils. Der Investiturstreit forderte und förderte, dass die Parteien ihre Positionen klärten, dass sie Argumente formulierten und Gegenargumente entwickelten. Mit anderen Worten: nicht Allegorisierungen und Analogisierungen waren nun erforderlich und hilfreich, sondern logisches Argumentieren. Im Investiturstreit tritt jener Denkstil hervor, der zeitgleich in und durch die Scholastik zum Wendepunkt der Zeit wurde. Mit scholastischem Denken, der Eigenstruktur philosophisch-theologischer Überlegungen im Mittelalter, wird vieles verbunden - von Formalismus, Engstirnigkeit und Antiquiertheit ist beispielsweise die Rede. Dass damit aber gerade das verfehlt wird, was den Kernpunkt der Scholastik bildete,

wird bereits dann deutlich, wenn man den Ausgangspunkt scholastischer Bestrebungen betrachtet.

Der Ausgangspunkt ist die Frage nach dem Verhältnis von auctoritas und ratio. Ist der auctoritas, der in der Bibel zum Ausdruck kommenden Autorität Gottes alles unterzuordnen, hebt die göttliche Allmacht alle Widersprüche auf, wie es der Antidialektiker Petrus Damiani (+1072) lehrte? Oder ist die Bibel der ratio unterzuordnen, müssen sich auch ihre Aussagen vor der Vernunft verantworten, wie es der Dialektiker Berengar von Tours (+1088) formulierte?

Auctoritas und ratio nicht nur zu verbinden, sondern das Wissen weiter zu führen, war das eigentliche Bestreben der Scholastik. Ihr Grundanliegen zeigt der formale Aufbau ihrer typischen Literaturform, der quaestio disputata, der erörterten Frage. Nachdem im „videtur quod/es scheint, dass" die Argumente der Autoritäten genannt wurden, wurden im „sed contra/dagegen steht" die Gegenargumente aufgeführt. Die Antwort erfolgte schließlich im „respondeo dicendum/ich antworte" und hier handelte es sich nicht darum, sich einer Position anzuschließen, entscheidend war vielmehr, das Problem durch ein dialektisches Weiterführen der Gedanken und Argumente zu lösen.

Die Scholastik verfolgte letztlich ein dreifaches Ziel. Zum einen ist hier die Hochschätzung der Tradition und der Autorität zu nennen oder anders gesagt: wer Wissenschaft betreiben will, muss sich zuerst einmal Wissen aneignen. Des weiteren -und dies ist als das Neue zu betrachten- ist im Sinne der Scholastik eine wirkliche Aneignung von Wissen nur möglich durch eine streng rationale Auseinandersetzung mit dem Gelernten. Die ratio, die Vernunft, als kritische und reflektierende Instanz gewann folglich zunehmend an Bedeutung. Interessant ist darüber hinaus, dass mit der Rezeption und Reflexion ein drittes Ziel verbunden war: die Weitergabe des Wissens. Das Anliegen der Scholastik bestand folglich nicht nur im lernenden Rückgriff auf vorhandenes Wissen, sondern auch in der kritischen Auseinandersetzung mit dem Erlernten, in seiner systematischen Verarbeitung und lehrenden Weitergabe. Dass und wie dies praktiziert wurde, wird an späterer Stelle im Kontext der Schulen und Universitäten deutlich werden. Fundament und Förderung fanden das Betonen der rationalen

Durchdringung sowie das Bestreben systematisierender Reflexion v.a. durch ein Ereignis, das für den Gesamtwandel zu dieser Zeit wie auch für die Folgezeit von kaum zu überschätzender Bedeutung war: die Wiederentdeckung des Aristoteles.

Als „Begleiterscheinung" der Konzilien von Nicaea (325) und Ephesus (431) hatte sich, wie bereits erwähnt wurde, eine gewisse Reserviertheit gegenüber Aristoteles entwickelt, in deren Folge seine Schriften und Gedanken für den lateinischen Westen weitgehend verloren gingen. Bis zum Beginn des 12. Jh. waren lediglich die Schriften Categoriae und De interpretatione bekannt, um 1130 wurde diese logica vetus um die logica nova erweitert. Die Schriften Analytica priora, Analytica posteriora, die Topica und De sophisticis elenchis wurden bekannt, d.h. das gesamte Organon stand nun zur Verfügung. Vor allem dank der Übersetzertätigkeit Wilhelm von Moerbekes (+1286) blieb es aber nicht nur bei dem Organon, sondern auch die Schriften des Aristoteles zur Metaphysik, Psychologie, Ethik und Physik wurden nach und nach zugänglich. Sicher sollte man nicht übersehen, dass der Zeitgeist in gewisser Weise bereits auf ein neues Denken vorbereitet war. Durch die Rückeroberung Toledos im Jahr 1085 war man nämlich in den Besitz ganzer Bibliotheken arabischer Bücher gelangt, die dem lateinischen Westen bereits völlig neue Wissensgebiete in den Bereichen der Medizin, der Astronomie, Astrologie oder Mathematik eröffnet hatten. Die Begegnung mit Aristoteles hatte aber noch weitreichendere Folgen.

Nicht nur die bereits genannte theologiegeschichtlich bedingte Reserviertheit gegenüber Aristoteles, sondern auch der Umstand, dass man Aristoteles v.a. durch seine arabischen und jüdischen Kommentatoren, z.B. Al-Kindi (+870), Al-Farabi (+950), Avicenna (+1037), Al-Gazzali (+1111), Averroes (+1198) oder Moses Maimonides (+1204) kennenlernte und dass unter dem Namen des Aristoteles auch neuplatonisch orientierte Werke wie der Liber de causis (ein Auszug aus der Elementatio des Proklos) oder die sog. Theologie des Aristoteles (ein Auszug aus Plotin) verbreitet waren, ließ das Denken des Aristoteles von kirchlicher Seite weiterhin als höchst bedenklich erscheinen. So wurde postuliert, mit und durch Aristoteles würden die göttliche Vorsehung und Allmacht ebenso fraglich wie Gottes Schöpfungsakt und seine Philosophie wäre das Ende der unsterblichen Seele. 1210 verbot schließlich die Pariser Provinzialsynode, über die Naturphilosophie des Aristoteles Vorlesungen zu halten, 1215 wurde dieses Verbot wiederholt und auf die Schriften zur Metaphysik ausgeweitet. Das 1245 auch für die Universität Toulouse ausgesprochene Verbot wurde zwar 1263 wiederholt, aber es hatte zu diesem Zeitpunkt bereits keine Bedeutung mehr. Der geistigen Entwicklung, die z.b. schon dazu geführt hatte, dass 1255 alle Schriften des Aristoteles in das offizielle Lehrprogramm der Pariser Universität aufgenommen worden waren, konnte kein Einhalt geboten werden. Und die Rezeption des Aristoteles zog schließlich in mehrfacher Hinsicht eine Veränderung des herrschenden Weltverständnisses nach sich.

Die Begegnung mit der aristotelischen Philosophie führte dazu, dass man sich nun dem Konkreten zuwandte und die Natur nicht mehr symbolisch deutete, sondern als geprägten Eigenstand und zielstrebige Entwicklung verstand. „Dico, quod nihil ad me de dei miraculis, cum ego de naturalibus disseram/ich habe nichts mit Wundern zu schaffen, wenn ich Naturwissenschaft betreibe", betonte z.B. Albertus Magnus (+1280) in seiner Schrift De generatione et corruptione (lib. 1, tract. 1, cap. 22). Wie hier anklingt, zog die Konfrontation mit dem höheren methodologischen Stand der antiken Wissenschaften einen grundsätzlichen Wandel von Wissenschaft nach sich. Nicht mehr allegorische Erklärungen, Autorität und Tradition sollten entscheidend sein, sondern sachgerechte Auseinandersetzungen. Letztlich bedingte die Konfrontation mit Aristoteles wie überhaupt die erst wieder zu Aristoteles führende Begegnung mit arabischer und jüdischer Gelehrsamkeit eine prinzipielle Veränderung der bisher vorherrschenden geistigen Konstellationen.

Die das mittelalterliche Wirklichkeitsverständnis konstituierende metaphysische Trias von Gott, Welt und Mensch blieb zwar bestehen, inhaltlich erhielt sie jedoch neue Konnexionen, die sich auch im Selbstverständnis des Menschen ausprägten. Wie bereits im Kontext der Entwicklung des Bußsakramentes angesprochen, setzt der Gedanke von Schuld und Reue ein Bewusstsein von Individualität voraus. Auch dass im Jahr 1215 das 4. Laterankonzil in seinem 21. Canon fordert, die individuelle Beichte sei jedem

Erwachsenen zuzumuten, spricht für sich. Die Beichte setzt schließlich die Fähigkeit voraus, sich des eigenen Denkens und Handelns bewusst zu sein und dieses auch reflektieren zu können. Das Bewusstsein für das subjektive Element menschlicher Vollzüge ist folglich hier gegeben. Zeitgleich -und auch dies ist in sich logisch- werden Vernunft und Gewissen zu zentralen Themen der philosophisch-theologischen Überlegungen.
Wie erkennt und denkt der Mensch? Sind die Sinne des Menschen konstitutiv für sein Denken? Ist Denken Wahrnehmen objektiv gegebener Wirklichkeit oder begründet Denken erst Wirklichkeit? Gibt es eine absolute unhinterfragbare Wahrheit? Was ist die letzte Instanz menschlichen Handelns? Gottes Gebote oder das eigene Gewissen? Denken, so betont Thomas von Aquin (+1274), der an spätere Stelle noch genauer behandelt werden wird, ist nicht nur das Wahrnehmen einer vom Subjekt unabhängig gegebenen Wirklichkeit und auch Wahrheit ist konsequenterweise nicht schlichtweg gegeben. Von Wahrheit, so legt Thomas von Aquin in seiner Summa theologiae (I, 16,2) dar, kann nur dann gesprochen werden, wenn der Einzelne das Wahrgenommene ebenso reflektiert hat wie seinen eigenen Wahrnehmungsprozess und darüber schließlich ein Urteil fällt. Wie konsequent Thomas von Aquin die Individualität und damit auch die Autonomie des Einzelnen denkt, zeigt seine Betonung des Verpflichtungscharakters des Gewissens in der Schrift De veritate (16f.). Wenn das Gewissen es nämlich befiehlt, Gott abzuschwören, ist es zu tun. Dem reflektierenden Erkennen und dem Gewissen eine so zentrale Position zu geben, kann man wohl als die wirkungsgeschichtlich bedeutsamsten Momente des 12. und 13. Jh. erachten. Dass damit aber Kontinuitäten zwischen Mittelalter und Neuzeit bestehen, die die so gerne postulierte Zäsur zwischen Mittelalter und Neuzeit fraglich, letztlich hinfällig werden lassen, muss wohl nicht ausgeführt werden. Die „Entdeckung der Individualität" ist nicht Sache der Neuzeit, sondern Sache des Mittelalters. Wie weitreichend das Bewusstwerden von Individualität im Mittelalter war, zeigt sich darüber hinaus daran, dass sich auch eine neue Vorstellung des Verhältnisses des Menschen zu Gott entwickelte: es wird als Freundschaft verstanden. Logischerweise setzt dies wiederum ein eigenes Verständnis

von Gott und Mensch voraus. Für Gott und Mensch wird der Gedanke des Personseins konstitutiv.

Blickt man zunächst an dieser Stelle noch einmal auf die Aspekte zurück, die als wesentlich für die „Entdeckung der Individualität" erachtet werden müssen, ist neben dem Wandel der allgemeinen sozialen Rahmenbedingungen wie z.B. der Bevölkerungszunahme und Bevölkerungsumschichtung v.a. auch auf das im Investiturstreit deutlich werdende Auseinanderbrechen des bis dahin eine Einheit bildenden Heiligen und Profanen zu verweisen. Nicht zuletzt durch die Begegnung mit arabischer und jüdischer Gelehrsamkeit und die Wiederentdeckung der aristotelischen Philosophie entwickelte sich zudem eine neue Form des Denkens. Hält man sich an dieser Stelle die Grundcharakteristik jeder Denkform, jedes Denkstils vor Augen, dass er nämlich Wahrnehmung, Erfahrung und Erkennen insofern prägt als er der Wahrnehmung eben jene Gerichtetheit gibt, die für jede Erfahrung und Erkenntnis Voraussetzung ist, wird die Relevanz dieser neuen Denkform ersichtlich. Beispielhaft wurde an der Wahrnehmung und Betrachtung der Natur aufgezeigt, wie die in der Scholastik besonders gepflegte Denkform Wahrnehmung, Erfahrung und Erkenntnis prägte. Dass sich in diesem Kontext auch das Selbstverständnis des Menschen änderte, ist in sich konsequent und logisch. Die in mehrfacher Hinsicht erkennbar gewordene Reflexion über das eigene Handeln und Denken spricht hier für sich.

Bei der Frage nach Entstehen und Bewusstwerden von Individualität im Mittelalter steht also angesichts des Forschungsstandes nicht mehr zu Debatte, *ob* Individualität bewusst wurde, zu diskutieren ist nur das *wie*.

Dieses Entstehen und Bewusstwerden von Individualität kann und darf allerdings nicht im Sinne eines epochalen Einschnitts oder Umbruchs verstanden werden. Allein wenn man sich vor Augen führt, dass zu jeder Zeit -also auch in der Geschichte- stets mehrere Generationen gleichzeitig und miteinander lebten, wird die Annahme sprunghafter Veränderungen in sich fraglich. Das Entstehen und Bewusstwerden von Individualität kann zudem auch deshalb nicht als Einschnitt oder Umbruch verstanden werden, weil der individuelle Mensch in der christlichen Religion von Anfang an im Zentrum stand. Und die christliche Religion war ja im Mittelalter keine

Privatangelegenheit, sondern als grundlegende individuelle und soziale Lebensform das Fundament dieser Zeit. Der prägende Einfluss der Religion auf die Figurierung von Individualität wird v.a. dann ersichtlich, wenn man bedenkt, dass mit der Entwicklung der Vorstellung von Individualität die Entwicklung des Personbegriffes verbunden war.

Der Begriff persona spielte seit den Anfängen des Christentums in theologischen Diskussionen eine große Rolle. Tertullian (+220) und Augustinus (+430) verwendeten ihn beispielsweise in ihren christologischen und trinitätstheologischen Überlegungen, allerdings ohne ihn mit so etwas wie Subjektivität zu verknüpfen. Diesen Schritt vollzog erst Boethius (+524). Der römische Konsul und Philosoph Boethius war zwar kein Theologe, dennoch veranlassten ihn christologische Debatten dazu, im Jahr 512/3 die Schrift Opusculum contra Eutychen et Nestorium zu verfassen. Boethius wollte in dieser Schrift die Lehre von der Einheit der beiden Naturen Christi, also der göttlichen und der menschlichen Natur, in einer Person genauer bestimmen und definierte dabei erstmals persona/Person im Sinne einer geistigen Substantialität. „Persona est definitio: naturae rationalis individua substantia/Person ist die individuelle Substanz einer geistigen Natur" (PL 64, 1343 C). Ob Boethius selbst die Tragweite seiner Definition bewusst war, sei dahingestellt. Für die europäische Geschichte hatte sie auf alle Fälle eine grundlegende Bedeutung: Nun gab es einen Begriff, mit dem die Spezifika des Menschen charakterisiert werden konnten, nämlich Individualität, Subjektivität und Personalität. Welche Innovationskraft diese Definition des Boethius hatte, wird v.a. dann ersichtlich, wenn man sie einmal der griechischen Philosophie gegenüberstellt. Dort war bzw. hatte -man denke nur an Platon oder Aristoteles- das geistige Sein ein allgemeines Element. Individuation war die Folge der Verbindung dieses allgemeinen Elements mit der Materie und den damit gegebenen Unterschieden in Qualität und Quantität. Bei der boethianischen Definition ist jedoch die geistige Natur nicht lediglich akzidentiell, sondern substantiell individuell. Weder die begrifflichen Entwicklungen noch die Frage nach dem Verhältnis von Individuum und Person sollen hier aber weiter verfolgt werden. Allein dass die Entwicklung der Vorstellung von Individualität mit der Entwicklung des Personbegriffes verbunden war möge vielmehr als Hinweis darauf gesehen werden, dass die Postulierung zäsurhafter Umbrüche mehr als problematisch ist. Aber wenngleich man nicht davon ausgehen kann, das Entstehen des Individualitätsbewusstseins sei gleichsam die das Früh- vom Hochmittelalter trennende unüberwindbare Zäsur, so kann doch in qualitativer Hinsicht von einer einschnitthaften Veränderung gesprochen werden. Nicht das *dass* des Individualitätsbewusstseins steht also zur Debatte, sondern das *wie*. Und dieses *wie*, die Form der Wahrnehmung und des Erlebens von Individualität, hatte sich -wie im folgenden noch mehrfach deutlich werden wird- geändert.

Auf dem Gesamthintergrund kann wohl nicht bestritten werden, dass zwischen dem modernen abendländischen Individualismus und mentalitätsgeschichtlichen Prozessen im Mittelalter ein Zusammenhang besteht. An dieser Stelle sollte deshalb kurz auf die Thesen des russischen Historikers Aaron Gurjewitsch eingegangen werden, dessen Werke vielfach rezipiert wurden und werden. Gurjewitsch postuliert nämlich: „Zwischen der Persönlichkeit des Mittelalters und der der Neuzeit besteht kein direkter evolutionärer Zusammenhang, ..., weil es sich bei beiden Persönlichkeiten um qualitativ unterschiedliche Typen handelt" (Gurjewitsch, 1994, 307). Problematisch ist hier nämlich nicht nur die zäsurhafte Trennung von Mittelalter und Neuzeit, sondern auch die pauschalisierende Rede von *dem* Individuum und *der* Persönlichkeit im Mittelalter. Ersteres kann schlichtweg in dieser Form nicht mehr vertreten werden, letzteres ist angesichts der inneren Vielschichtigkeit des Mittelalters in sich fragwürdig. Am Rande sollte zudem noch auf begriffliche Unschärfen hingewiesen werden. Sowohl in seinem Werk „Das Weltbild des mittelalterlichen Menschen" (^{4}1989) als auch in seinem Werk „Das Individuum im europäischen Mittelalter" (1994) stellt Gurjewitsch die Frage nach der „Persönlichkeit" im Mittelalter. Er klärt allerdings diesen Begriff nicht genauer und obwohl er die Geschichte des Persönlichkeitsbegriffs betrachten will, wendet er sich letztlich der Geschichte des Personbegriffs zu. Und diese begrifflichen Ungenauigkeiten können dabei nicht als Probleme der Übersetzung seiner im Original russischsprachigen Werke angesehen werden. Auch im Russischen wird zwischen litso und litschnost, Person und Persönlichkeit unterschieden. Bei aller Bedeutung, die Aaron Gurjewitsch schon deshalb zuzusprechen ist, weil es ihm gelang, der Mittelalterforschung methodisch neue Wege und inhaltlich neue Perspektiven zu eröffnen, sollte also doch mitbedacht werden, dass sich in seinen Werken ein Problem widerspiegelt, dem man häufig im Kontext der Beschäftigung mit dem Mittelalter bzw. mit Geschichte überhaupt begegnet:

Zu leicht wird übersehen, dass auch Begriffe ihre Geschichte haben, dass sie in einen Kontext stehen, der ihnen erst ihre inhaltliche Bestimmung gibt und dass unser Begriffsverständnis nicht einfach auf alle Zeiten und Orte übertragen werden kann. Gerade dieser Aspekt vermag wiederum auf eine Frage überzuleiten, die das konkrete Leben im Mittelalter betrifft:

War das Kind in dieser Zeit ein Kind in dem Sinne, wie wir es verstehen?

Weiterführende Literatur:

Aertsen, J./Speer, A. (Hrsg.). (1996). Individuum und Individualität im Mittelalter. Berlin/New York
Angenendt, A. (^{2}2004). Grundformen der Frömmigkeit im Mittelalter. München
Angenendt, A. (^{3}2005). Geschichte der Religiosität im Mittelalter. Darmstadt
Arens, P. (2004). Wege aus der Finsternis. München.
Beckmann, J. et al. (Hrsg.). (1987). Philosophie im Mittelalter. Entwicklungslinien und Paradigmen. Hamburg
Bonifatius (1968). Briefe. In: Buchner, R. (Hrsg.). Ausgewählte Quellen zur deutschen Geschichte des Mittelalters. Bd. 4b. Darmstadt
Borgolte, M. (1996). Sozialgeschichte des Mittelalters. München
Borst, O. (1983). Alltagsleben im Mittelalter. Frankfurt/M.
Brieskorn, N. (1991). Finsteres Mittelalter? Über das Lebensgefühl einer Epoche. Mainz
Brinkmann, H. (1980). Mittelalterliche Hermeneutik. Tübingen
Bühler, A. et al. (2004). Das Mittelalter. Stuttgart
Cramer, T. (Hrsg.). (1988). Wege in die Neuzeit. München
Denzinger, H. & Schönmetzer, A. (Hrsg.). (^{25}1965). Enchiridion Symbolorum, Definitionum et Declarationum De Rebus Fidei Et Morum. Freiburg/Br.
Dinzelbacher, P. (1996). Angst im Mittelalter. Teufels-, Todes- und Gotteserfahrung: Mentalitätsgeschichte und Ikonographie. Paderborn/München/Wien/Zürich
Dinzelbacher, P. (1999). Die letzten Dinge. Himmel, Hölle, Fegefeuer im Mittelalter. Freiburg/Br.
Dinzelbacher, P. (2000). Mensch und Tier in der Geschichte Europas. Stuttgart
Dinzelbacher, P. (2003). Religiosität und Mentalität des Mittelalters. Klagenfurt
Dinzelbacher, P. (2003a). Europa im Hochmittelalter 1050-1250. Eine Kultur- und Mentalitätsgeschichte. Darmstadt
Duby, G. (1986). Die drei Ordnungen. Das Weltbild des Feudalismus. Frankfurt/M.
Eco, U. (1987). Streit der Interpretationen. Konstanz
Esch, A. (1994). Zeitalter und Menschenalter. Der Historiker und die Erfahrung vergangener Gegenwart. München
Flasch, K./Jeck, U. (Hrsg.). (1997). Das Licht der Vernunft. Die Anfänge der Aufklärung im Mittelalter. München
Giesecke, M. (1992). Sinnenwandel, Sprachwandel, Kulturwandel. Studien zur Vorgeschichte der Informationsgesellschaft. Frankfurt/M.
Goetz, H.-W. (1999). Moderne Mediävistik. Stand und Perspektiven der Mittelalterforschung. Darmstadt
Goetz, H.-W. (^{5}1994). Leben im Mittelalter. Vom 7. bis zum 13. Jahrhundert. München
Goetz, H.-W. (Hrsg.). (2000). Die Aktualität des Mittelalters. Bochum
Görg, M. (1998). Mythos, Glaube und Geschichte. Düsseldorf
Graus, F. (Hrsg.). (1987). Mentalitäten im Mittelalter. Methodische und inhaltliche Probleme. Sigmaringen
Gurjewitsch, A. (^{4}1989). Das Weltbild des mittelalterlichen Menschen. München
Gurjewitsch, A. (1994). Das Individuum im europäischen Mittelalter. München
Haas, A. (1989). Todesbilder im Mittelalter. Fakten und Hinweise in der deutschen Literatur. Darmstadt

Hamilton, B. (2004). Die christliche Welt des Mittelalters. Der Osten und der Westen. Düsseldorf/Zürich
Jaritz, G. (1989). Zwischen Augenblick und Ewigkeit. Einführung in die Alltagsgeschichte des Mittelalters. Wien/Köln
Kortüm, H.-H. (1996). Menschen und Mentalitäten. Einführung in Vorstellungswelten des Mittelalters. Berlin
Le Goff, J. (1981). La naissance du purgatoire. Paris (dt.: (1984). Die Geburt des Fegefeuers. Stuttgart)
Le Goff, J. (1987). Für ein anderes Mittelalter. Zeit, Arbeit und Kultur im Europa des 5.-15. Jahrhunderts. Weingarten
Le Goff, J. (Hrsg.). (1996). Der Mensch des Mittelalters. Frankfurt/M.
Le Goff, J. (2004). Das Lachen im Mittelalter. Stuttgart
Megenberg, K. v. (1989). Das Tierbuch des Konrad von Megenberg. Hrsg. V. G. Sollbach. Dortmund
Meier, C./Ruberg, U. (Hrsg.). (1980). Text und Bild. Aspekte des Zusammenwirkens zweier Künste in Mittelalter und früher Neuzeit. Wiesbaden
Mojsisch, B. (Hrsg.). (1986). Sprachphilosophie in Antike und Mittelalter. Amsterdam
Ohly, F. (^{2}1983). Schriften zur mittelalterlichen Deutungsforschung. Darmstadt
Prinz, F. (1989). Mönchtum, Kultur und Gesellschaft. Beiträge zum Mittelalter. München
Repkow, E. v. (^{2}1991). Der Sachsenspiegel. Hrsg. v. C. Schlott. Zürich
Scheibelreiter, G. (Hrsg.). (2004). Höhepunkte des Mittelalters. Darmstadt
Schild, W. (1989). Das Strafrecht als Phänomen der Geistesgeschichte. In: Hinckeldey, C. (Hrsg.). Justiz in alter Zeit. Heilbronn. S. 7-38
Schlotheuber, E./Schuh, M. (Hrsg.). (2004). Denkweisen und Lebenswelten des Mittelalters. München
Seel, O. (^{4}1983). Der Physiologus. Zürich/München
Sprandel, R. (^{4}1991). Verfassung und Gesellschaft im Mittelalter. Paderborn
Wehrli, M. (1994). Literatur im deutschen Mittelalter. Eine poetologische Einführung. Stuttgart
Wenzel, H. (Hrsg.). (1983). Typus und Individualität im Mittelalter. München
Zwick, E. (1993). Natur und Schöpfung. „Schöpfung": Bewahrung oder Zerstörung der Natur? Zur Rolle des Christentums aus systematischer und historischer Sicht. St.Ottilien
Zwick, E. (2001). Vormoderne oder Aufbruch in die Moderne? Studien zu Hauptströmungen des Mittelalters. Hamburg
Zwick, E. (2004). Spiegel der Zeit – Grundkurs Historische Pädagogik I. Antike: Griechenland - Ägypten - Rom - Judentum. Münster

4 Heilig oder sündig? Aspekte zur Anthropologie des Kindes

Konnte das Kind im Mittelalter ein Kind sein? Oder muss man Philippe Ariès und Lloyd DeMause zustimmen, die sich trotz aller Differenzen darin einig sind, dass es im Mittelalter keine Kindheit im Sinne einer eigenständigen Entwicklungsphase gegeben habe? Weder das 1960 in Paris erschienene Werk von Ariés: L'enfant et la vie familiale sous l'ancien régime, dessen deutsche Übersetzung übrigens 1975 mit dem Titel: Geschichte der Kindheit erschien und damit den Inhalt ebenso verfehlt wie das 40seitige Vorwort von Hartmut von Hentig, noch die 1977 mit dem dramatischen Titel: Hört ihr die Kinder weinen? ins Deutsche übersetzte Schrift: The History of Childhood von De Mause können aufgrund ihrer methodischen Mängel und inhaltlichen Fehler heute noch als adäquate Analysen betrachtet werden. Trotzdem: sie sind bekannt. Und deshalb muss man sich ihrer These stellen. Gab es also im Mittelalter keine Kindheit im Sinne einer eigenständigen Entwicklungsphase?

Auf den ersten Blick scheint man dieser These zustimmen zu müssen. In der zwischen 1263 und 1273 verfassten Legenda aurea des Jacobus de Voragine (+1298), *dem* Volksbuch der Zeit schlechthin, findet man nämlich eine ganz spezifische Vorstellung davon, wie der Idealtyp eines Kindes zu sein habe. „Nicolaus", so berichtet Voragine über das Urbild eines heiligen Kindes, den hl. Nikolaus, „ist geboren aus der Stadt Patera, von frommen und reichen Eltern: sein Vater hieß Epiphanius, seine Mutter Johanna. In der Blüte ihrer Jugend schenkte Gott den Eltern dieses Kind; danach lebten sie keusch, in göttlicher Liebe. Des ersten Tages, da man Sanct Nikolaus das Kindlein baden sollte, da stund es aufrecht in dem Becken, und wollte auch am Mittwoch und Freitag nicht mehr denn einmal saugen seiner Mutter Brust. Als das Kind zu Jahren kam, schied es sich von den Freuden der andren Jünglinge und suchte die Kirchen mit Andacht, und was er da verstand von der heiligen Schrift, das behielt er mit Ernst in seinem Sinne" (Voragine, [11]1993, 26). Voragine gibt hier einen der häufigsten Topoi der Heiligenviten wieder: den Topos des puer senex/des greisen Knaben. Schon in der Wiege kreuzt der puer senex die Hände, an Fasttagen verweigert er die Mutterbrust, er meidet die Spiele seiner Altersgenossen

und ist überhaupt ernsthaft wie ein alter Mann. Ist allerdings dieser puer senex das Ideal eines Kindes, dann könnte man gleichsam im Umkehrschluss folgern: Das reale Kind ist unvollkommen, es kennt nur sinnliche Freuden und folgt allein seinen Bedürfnissen. Was aber entspricht der Sicht des Kindes im Mittelalter? Ist es vollkommen und heilig oder unvollkommen und sündig? Für beide Sichtweisen können Belege gefunden werden. Bartholomäus Anglicus (+ nach 1250) leitete beispielsweise in De rerum proprietatibus puer/Knabe von purus/rein und puella/Mädchen von Pupilla/Pupille ab (Lib.VI/Cap.Vf.). Auch einzelne Bibelstellen könnten im Sinne der Vollkommenheit und Heiligkeit des Kindes gedeutet werden, man denke etwa nur an das „Lasst die Kinder zu mir kommen; hindert sie nicht daran! Denn Menschen wie ihnen gehört das Himmelreich" im Matthäusevangelium (19,14). Und vor allem scheint für diese Sicht des Kindes eine sich im 12. Jh. entwickelnde Frömmigkeitsform zu sprechen. Franz von Assisi (+1226) gab dieser Frömmigkeitsform einen sinnbildlichen Ausdruck, der noch heute bekannt ist: die Weihnachtskrippe. Aber kann man daraus auf eine besondere Achtung des realen Kindes schließen?
Geht man einen Schritt weiter und stellt man sich die Frage, was überhaupt der Gegenstand dieser neuen Frömmigkeitsform war, dann lautet die Antwort schlichtweg: Nein, denn nicht das *Kind*, sondern *das* Kind, nämlich Jesus, stand im Mittelpunkt. Oder anders gesagt: Theologisch konzentrierte man sich in dieser Zeit auf die Menschwerdung Christi. Hand in Hand mit dieser Entwicklung trat das Jesuskind in den Mittelpunkt religiöser Verehrung. Mentalitätsgeschichtlich gesehen spricht es sicher für sich, dass gerade zu der Zeit, in der sich die bereits mehrfach angesprochene „Entdeckung der Individualität" entwickelte und der Mensch sich zunehmend seiner selbst bewusst wurde, die Menschwerdung Christi theologisch zentral wurde. Die Konzentration auf das Jesuskind jedoch mit einer Konzentration auf das reale Kind zu verbinden, wäre ein mehr als voreiliger Schluss. Dass das reale Kind nicht im Mittelpunkt stand, zeigt gerade eine genauer Betrachtung der Weihnachtskrippe als der Versinnbildlichung dieser Frömmigkeitsform.

Die Darstellung des in einer Krippe zwischen Ochs und Esel liegenden Jesuskindes hat nämlich keine biblischen Wurzeln, sondern stammt aus dem apokryphen Pseudo-Matthäus-Evangelium. Und gerade hier verweist der Gesamtzusammenhang auf einen äußerst aussagekräftigen und folgenreichen Aspekt.
Das Kapitel 14, in dem man die Ochs-und-Esel-Geschichte findet, hat die Überschrift: Liber de ortu beatae Mariae et infantia Salvatoris, es geht also um die Geburt Marias und die Kindheit des Erlösers. Dass die Geburt Marias als relevant erachtet wird, verweist auf das, was letztlich im Zentrum steht: die Jungfräulichkeit und Erbsündenbefreiung Marias. Warum sind diese Jungfräulichkeit und Erbsündenbefreiung Marias aber von so besonderer Bedeutung? Diese Frage beantwortet sich von selbst, wenn man sich nochmals die bereits dargelegte Erfindung und Sexualisierung der Erbsünde durch Augustinus (+430) vor Augen führt. Maria musste demzufolge Jungfrau sein. Denn wäre Jesus auf normalem geschlechtlichen Weg gezeugt worden, hätte er sich ja dabei die Erbsünde zugezogen.
Auf diesem Hintergrund wird ersichtlich, warum diese das Jesuskind betonende Frömmigkeitsform keine besondere Achtung des realen Kindes nach sich ziehen konnte. Da die Erbsünde durch die Lust beim Geschlechtsverkehr übertragen wird, galt vielmehr jedes Kind als mit ihr behaftet. Greift man an dieser Stelle auf den soeben erwähnten Bartholomäus Anglicus zurück, dann müssen dessen Aussagen anders gedeutet werden. Denn puer/Knabe kann man, so fährt Bartholomäus in dem genannten Werk fort, nur deshalb von purus ableiten, weil die unzureichende Entwicklung ihrer Organe den Knaben keine sexuelle Aktivität erlaubt. Von einer Heiligkeit des Kindes zu sprechen, scheint insgesamt betrachtet also mehr als utopisch zu sein. Weit mehr wurde das Kind als ein sündhaftes Wesen gesehen und aus dieser Erbfolge Adams konnte, ja musste es erst durch die Taufe erlöst werden. Hatten Kinder also keine Kindheit? Konnten und durften die Kinder Kinder sein?
Will ein Wohlhabender, so heißt es in Kapitel 59 der Regula Benedicti, der Regel des Benediktinerordens, Gott seinen Sohn im Kloster weihen, sollen die Eltern ein Bittgesuch aufstellen. Sie sollen die Urkunde und die Hand des Knaben mit der Opfergabe in die Altardecke hüllen und ihn so Gott

weihen. Auch Ärmere sollen diese Weihe vollziehen können. Wer gar nichts besitzt, der soll sogar nur die Urkunde ausstellen und seinen Sohn vor Zeugen als Opfer darbringen. Was hier thematisiert wird, die sog. oblatio, konnte, wie auch das Eheversprechen, bereits fünfjährige Kinder betreffen. Wie ein Eheversprechen in der Rechtswirkung der Ehe gleich war, so war auch die oblatio bindend. Kirchenrechtlich, man betrachte nur das Decretum Gratiani (C.20, q.1, c.4), waren die gottgeweihten Kinder auf Lebenszeit dem Kloster verpflichtet. Mönch wird man, dies bestimmte im Jahr 633 das Konzil von Toledo, entweder durch elterliche Gelübde oder durch eigenes Versprechen. Mit sieben Jahren konnten diese Kinder sogar tonsuriert werden. Und diese Tonsurierung entsprach nach Papst Gregor d.Gr. (+604) der Aufnahme in den geistlichen Stand mit allen Rechtsfolgen. Diese Praxis der oblatio war im Mittelalter keine Seltenheit, sei es aus dem Grund, dass die Eltern ihrem Kind einen guten Stand gewährleisten wollten, dass sie ein gegebenes Gelübde erfüllen wollten oder dass sie nachgeborene Kinder, die kaum ein Erbe erhalten hätten, absichern wollten. Beendet wurde die oblatio erst 1215: das 4. Laterankonzil, das schon mehrfach einen neuen Zeitgeist zum Ausdruck brachte, erklärte die oblatio für unrechtmäßig.

Neben der oblatio müssen aber auch noch andere Aspekte angesprochen werden, die es erlauben, einen Einblick in die Sozialgeschichte des Kindes zu gewinnen.

Ob aus Armut oder weil das Kind der zweitgeborene Zwilling war: Kinder wurden im Mittelalter ausgesetzt. Warum v.a. der zweitgeborene Zwilling davon betroffen war, erklärt sich aus den mittelalterlichen Zeugungsvorstellungen. Wie in der Antike war man überzeugt, dass der zweitgeborene Zwilling von einem anderen Mann stammt. Auch die Tötung von Kindern sollte man prinzipiell nicht übersehen. Diese Tötung war sicher manchmal ein Unfall oder die Folge von medizinischen Behandlungen, wenn man z.B. Kinder mit Fieber in den Ofen steckte oder einem Kälteschock aussetzte, um das Fieber zu senken. Kinder wurden allerdings auch aus wirtschaftlicher Not und aus Angst vor Schande getötet. Von der Angst vor Schande waren wiederum nicht nur un- und außereheliche Kinder betroffen, sondern auch behinderte Kinder. Behinderungen wurden

nämlich darauf zurückgeführt, dass das Kind an Tagen gezeugt worden war, an denen von kirchlicher Seite Geschlechtsverkehr verboten war. Welche Tage verboten waren, wird an späterer Stelle noch thematisiert werden. Auf heute ähnlich befremdlich anmutende Vorstellungen verweist auch der Glaube an die sog. Wechselbälger. Wechselbälger, als deren Hauptkennzeichen neben einer schwächlichen Konstitution und der Anfälligkeit für Krankheiten v.a. anhaltendes Schreien galt, seien, so wurde angenommen, Kinder, die von Dämonen oder vom Satan selbst ausgetauscht worden waren. Und um das richtige Kind zurückzubekommen, sollte der sog. Wechselbalg z.B. mit kochendem Wasser übergossen oder neben einen Ameisenhaufen gelegt werden. Wie leicht dies zum Tod des Kindes führen konnte, muss wohl nicht extra erwähnt werden. Neben der Tötung von Kindern muss auch deren Bestrafung angesprochen werden. Dass es kaum ein Jugendstrafrecht in unserem Sinne gab, ergibt sich ja schon aus dem bereits skizzierten Tatstrafrecht des Mittelalters. Durch die Aufnahme des römisch-rechtlichen Grundsatzes „malitia supplet aetatem/Bosheit erfüllt das Alter" galt vielmehr, dass die in einem Delikt zum Ausdruck kommende Bosheit des Täters auch dessen Verantwortlichkeit zeige. Die Tat war gleichsam Beweis der Verantwortlichkeit. Nur am Rande sei hier erwähnt, dass der römisch-rechtliche Grundsatz „malitia supplet aetatem" noch heute strafrechtliche Relevanz hat, z.B. in England.
Um angesichts der sozialgeschichtlichen Aspekte unangemessenen Pauschalisierungen vorzubeugen, sollte aber auch darauf verwiesen werden, dass die Lage des Kindes bzw. ob und welche Kindheit es hatte zu einem nicht zu unterschätzenden Teil vom Stand seiner Eltern abhing. Besonders deutlich wird dies, wenn man die Lage der unehelichen Kinder betrachtet. Hier kommt nämlich noch ein ganz besonderer Aspekt hinzu: im Verlauf des Mittelalters nahm die Zahl der unehelichen Kinder zu und zugleich verschlechterte sich deren Lage.
Aufgrund des Mangels an demographisch verwertbaren Quellen können zwar keine genauen Zahlen angegeben werden, als communis opinio kann jedoch eine deutlich überdurchschnittliche Zunahme gelten. Sucht man nach den Gründen, warum so viele Kinder unehelich geboren wurden, waren Standesunterschiede, die eine Magd leicht ihrem Herrn ausliefern

konnte, sicher ebenso ein Grund wie die zumeist nicht aus Neigung, sondern aufgrund eines Arrangements geschlossenen Ehen. Nicht übersehen sollte man aber auch, dass Anzahl und Diskriminierung unehelicher Kinder mit einer spezifischen theologischen Entwicklung Hand in Hand gingen. Im 12. Jh. wurde das mit der Unauflöslichkeit der Ehe verknüpfte Ehesakrament ausgebildet. Zeitgleich nahmen illegitime Beziehungen zu und die nicht in einer von der Kirche gesegneten Ehe gezeugten Kinder wurden zunehmend diskriminiert. Ende des 13. Jh. bestimmte z.B. der Sachsenspiegel in seinem Landrecht (III 45 § 9), uneheliche Kinder sollten an der Kleidung erkennbar sein. Die Kinder sollten einen zweifarbigen Rock tragen, eine Seite grün, die andere rot. Uneheliche Kinder galten zwar nicht als infames/generell ehrlos, sondern als infames de facto/faktisch ehrlos. Damit waren sie aber ungeeignet zum Schöffen-, Zeugen- und Richteramt, sie hatten keine öffentlichen Ehrenrechte und vielfach blieben ihnen nur die sog. unehrlichen Berufe wie Bader, Henker, Dirne, Gesinde- und Tagelöhnertätigkeit. Und eines konnten sie praktisch so gut wie nie werden: Priester. Theoretisch wäre dies bei päpstlicher Dispens und rechtlicher Legitimation zwar möglich gewesen, es wurde aber im Verlauf des Mittelalters immer seltener praktiziert. Um kurz zu verdeutlichen, wie lange mittelalterliche Entwicklungen nachwirkten, sei hier nicht nur darauf verwiesen, dass noch im Codex Juris Canonici von 1917, dem katholischen Kirchenrecht, Illegitime, also unehelich Geborene, nicht zum Priesteramt zugelassen wurden. Schmugge nennt sogar noch einen weiteren interessanten Aspekt: Die noch heute übliche Praxis päpstlicher Dispense, die nicht nur kirchliche, sondern auch staatliche Belange, genauer gesagt: Fragen der Thronfolge betrifft. Caroline von Monaco hatte sich 1982 von ihrem ersten Mann, mit dem sie kirchlich verheiratet war, scheiden lassen und ein Jahr später ihren zweiten Mann geheiratet. Die drei Kinder aus dieser zweiten Ehe waren demzufolge nach dem Kirchenrecht illegitim geboren. 1993 erklärte allerdings Papst Johannes Paul II. (+2005) diese drei Kinder für ehelich, d.h. er legitimierte sie und ebnete ihnen damit den Weg für die Thronfolge (Schmugge, 1995, 73f.).

Müsste man nach dem bis jetzt Dargelegten die Frage, ob Kinder im Mittelalter als Kinder wahrgenommen wurden, beantworten, so wäre die

Antwort wohl eher: Nein, Kinder wurden nicht als Kinder wahrgenommen. Dies wäre allerdings eine vorschnelle Antwort. Die bereits mehrfach thematisierte Vielschichtigkeit des Mittelalters lässt wohl schon erahnen, dass das bisher Skizzierte nicht als allumfassendes Bild der Kindheit im Mittelalter betrachtet werden kann und darf. Um dies zu verdeutlichen und um auch aufzuzeigen, dass im Mittelalter ganz entgegen dem vielleicht bis jetzt gewonnenen Eindruck das Kindsein des Kindes durchaus wahrgenommen wurde, sei deshalb auch ein Blick auf andere Ansätze geworfen.

In den Etymologien (Lib. 11, c.2; PL 82, 73ff.) des Isidor von Sevilla (+ 636) findet man eine Einteilung der Lebensalter des Menschen, anhand derer deutlich wird, dass man sich der Entwicklung des Menschen bewusst war und dass man auch versuchte, Charakteristika der einzelnen Entwicklungsphasen auszumachen. Bis zum siebten Lebensjahr, in der infantia, galt das Kind als noch nicht sprachfähig. Mit dem Erwerb der festen Zähne begann die bis zum 14. Lebensjahr dauernde pueritia, als deren Charakteristikum wiederum die fehlende Zeugungsfähigkeit angesehen wurde. Wenngleich die Kindheit hier an zentraler Stelle steht, sollen doch die Spezifika der anderen Lebensalter der Vollständigkeit wegen kurz genannt werden. In der sich bis zum 28. Lebensjahr erstreckenden adolescentia galt der Mensch als zeugungsfähig, während iuventus, die Zeit bis zum 50. Lebensjahr, gekennzeichnet war durch die Kraft, sich und anderen zu helfen. Bis zum 70. Lebensjahr war der Mensch in der gravitas, der Zeit der Gewichtigkeit, senectus jedoch, die Zeit ab dem 70. Lebensjahr, bedeutete, dass die Menschen wieder klein und wie Kinder wurden. Angesichts dessen, dass wohl kaum ein Mensch in dieser Zeit ein so hohes Alter erreichte, muss diese Einteilung sicher als idealtypisch gesehen werden. Trotzdem bringt sie ein Bewusstsein für die menschliche Entwicklung zum Ausdruck. Auf diesem Hintergrund verwundert es nicht, dass man auch auf ausführliche Darlegungen zur Frage des rechten Umgangs mit und der rechten Pflege von Kindern stößt. In der Ökonomik des Konrad von Megenberg (+ 1374) wird beispielsweise bei der Säuglingspflege betont, man solle den Kopf des Kindes weich betten bis sich die hintere Schädelpartie gefestigt habe. Immer wieder betont Megenberg auch die Verantwortung der Eltern. Da Kinder als prägsam wie Wachs galten, war diese Verantwortung kaum hoch genug einzuschätzen. Und interessant ist v.a. auch: die Verantwortung der Eltern begann schon vor der Geburt. Um Schwangerschaft und Geburt rankten sich sicher viele Mythen und Legenden, man denke nur an das Problem des Geschlechts des Kindes. Sollte eine Frau z.B. den Wunsch nach einer Tochter haben, so wurde ihr empfohlen, Hasenhoden zu trocknen, diese am Ende des Zyklus zu Pulver zu zerstoßen und zu trinken. Wünschte sie sich jedoch einen Sohn und gebar sie trotz intensiver Gebete eine Tochter, gaben Heiligenlegenden ihr einen Rat: sie wiesen tröstlich drauf hin, dass eine Frau, die in der gleichen Lage war, in die Kirche ging und Gott gelobte, ein Sohn würde Mönch werden. Als sie nach Hause kam war wie durch ein Wunder aus dem Mädchen ein Junge geworden. Nicht die Mythen und Legenden an sich sind jedoch relevant, sondern das, worauf sie verweisen: Entstehen und Werden des Kindes galt keineswegs als ein sich gleichsam von selbst vollziehendes Naturgeschehen. Dies zeigen auch die Ratschläge für die erste Zeit des Kindes. Da der erste Schrei des Kindes als Schmerzensschrei galt, sollten Bedingungen geschaffen werden, die dem Mutterleib entsprachen, sei es ein halbdunkler Raum oder eine gemäßigte Temperatur. Empfohlen wurde auch, die Schnittstelle der durchtrennten Nabelschnur mit Schlangenasche, Kreuzkümmel und Speichel zu bestreichen – was auf den ersten Blick obskur anmutet, ist jedoch in höchstem Maße antiseptisch. Noch mehr als die Fürsorge für das Neugeborene verweisen die an eine Amme gestellten Bedingungen und Forderungen darauf, dass das Werden des Kindes nicht als ein sich von selbst vollziehendes Naturgeschehen betrachtet wurde. Eine Amme sollte möglichst ungefähr 25 Jahre alt und Mutter eines Sohnes sein. Und unabdingbar war es für sie, während ihrer Ammentätigkeit auf Geschlechtsverkehr zu verzichten. Dass diese Vorschriften bekannt vorkommen, verwundert nicht. Sie beruhen nämlich auf Paradigmen antiker Medizin, die im Mittelalter weiterhin ihre Gültigkeit hatten. Da die Prämisse, Muttermilch präge wie das Sperma den Charakter des Kindes, ebenfalls von der antiken Medizin übernommen wurde, ist es konsequent, dass auch im Mittelalter gefordert wurde, kranke und moralisch verwerfliche Ammen zu vermeiden. Diese würden schließlich nur eine körperliche und seelische Fehlentwicklung des Kindes bedingen. Wie prägend man den Einfluss der Milch dachte, zeigt darüber hinaus aber auch die dringende Empfehlung, nicht auf Kuh-, Schafs- oder Ziegenmilch zurückzugreifen. Auch diese Milch galt als nicht gerade förderlich für eine gesunde geistige und körperliche Entwicklung.

Betrachtet man an dieser Stelle das bis jetzt Dargelegte, können die Ambivalenzen hinsichtlich der Betrachtung des Kindes wohl kaum übersehen werden. Um nun aber diese Ambivalenzen verstehen zu können, muss man einen Schritt weitergehen: Man muss die Frage nach der Sicht und Wertung von Sexualität und Zeugung stellen. Und hier zeichnen sich wiederum zwei Reflexionsebenen ab, deren konstitutive Funktion schon mehr oder weniger explizit anklang: Theologie und Medizin.

Wendet man sich zunächst einmal den theologischen Überlegungen zu, so kann nicht in Zweifel gezogen werden, dass verglichen mit der Ehe Askese und Zölibat als die christlichere Lebensform galten. Der Zölibatsgedanke begleitete ja die Kirche schon seit den Synoden von Elvira (306) und Neokaisarea (314) und seit Innozenz II. (+ 1143) galt die Priesterweihe als Ehehindernis. Begründet lag die Hochschätzung der Askese teilweise in einer zumindest zwiespältigen Haltung zur menschlichen Sexualität, als deren Wurzel nicht nur die aus der Erbsündenlehre des Augustinus (+ 430) resultierende Sexualisierung des Sündenbegriffs anzusehen ist, sondern auch eine spezifische Deutung der Jungfräulichkeit Marias. Dass die Rede von der Jungfräulichkeit Marias keine biologische, sondern eine theologische Aussage ist, erfordert heute wohl keine Erklärung mehr. Aber dass diese Ebenen zu differenzieren sind, dass der Reflexionsmodus und der Reflexionsrahmen, die Methode und die Perspektive, unter der man etwas betrachtet, den Aussagegehalt des Reflexionsgegenstandes bestimmen, war dem religiösen Denken des Mittelalters nicht vertraut. Hier wurde vielmehr eine apokryphe Schrift prägend: das um 150 entstandene Protoevangelium des Jakobus. Josef war in dieser Schrift ein Witwer, der die Tempeljungfrau Maria ehelichte. Als diese ihr Kind Jesus gebar, konnte die Hebamme Salome nicht glauben, dass eine Jungfrau ein Kind bekommen habe. Ihre Überprüfung endete damit, dass ihr der Arm verdorrte. Das Jakobusevangelium fand auch eine Erklärung für die wundersame Geburt Jesu: seine Geburt erfolgte einfach auf die gleiche Weise wie er später durch verschlossene Türen gehen konnte. Die Jungfräulichkeit Marias, genauer gesagt: die biologische Deutung der Jungfräulichkeit, hat also keine biblischen Wurzeln, aber ungeachtet dessen wurde sie geglaubt. Und in Folge dieses Glaubens wurde Jungfräulichkeit unter sexualisiertem Blickwinkel gesehen, sie wurde ent- bzw. asexualisiert gedeutet und zudem als Ideal und ethisches Hochbild postuliert. Dass dies Konsequenzen für die Einstellung zur Sexualität hatte, liegt auf der Hand. Und welche Folgen dies wiederum für die Anthropologie des Kindes hatte, wird in der Ehelehre der Pönitentialsummen deutlich. Bei den Pönitentialsummen handelt es sich um moraltheologisch-kanonistische Handbücher, die ab der Wende zum 13. Jh. dem Priester zur Verfügung gestellt wurden, damit er die Sakramente, speziell das Bußsakrament, richtig vermitteln konnte. Und im Hinblick auf die hier zentrale Frage sind sie unter zweifacher Hinsicht interessant: Sie zeigen die Ausprägungen der Sicht von Sexualität und sie verdeutlichen zugleich für die Anthropologie des Kindes spezifische und aussagekräftige Entwicklungen.

In der Summa de poenitentia oder Raymundiana aus den Jahren 1222-1235 wurde nämlich nicht nur die Erbsündenlehre des Augustinus (+ 430) aufgenommen, sie wurde sogar noch verschärft. Bereits das Empfinden von Lust galt hier als Sünde. In Anbetracht dessen ist es konsequent, dass hier die Ehe nur als Sakrament der Unvollkommenheit betrachtet wurde. Und es spricht für sich, dass hier auch genau festgelegt wurde, wann die Ehe nicht vollzogen werden durfte. Von Advent bis Epiphanie, in der 40tägigen Fastenzeit vor Ostern sowie zwei Wochen vor und eine Woche nach Pfingsten war beispielsweise Geschlechtsverkehr verboten. Erwähnt werden wollte an dieser Stelle aber auch, dass die Raymundiana nicht alle verbotenen Tage bzw. Nächte benennt. Außer den angegebenen Zeiten galt das Verbot zumeist auch an den Fasttagen Mittwoch und Freitag, an Feiertagen und vor Sonntagen. Neben dieser religiös-moralischen Negativität von Sexualität erfordert jedoch noch ein anderer Aspekt der Pönitentialsummen Beachtung. Man übernahm nämlich auch die Ehegüterlehre des Augustinus (+ 430) und gerade damit tritt eine für die Frage nach der Sicht des Kindes entscheidende Komponente hervor.

Fides, proles, sacramentum/Treue, Nachkommen und Sakrament – so lauteten die Ehegüter, deren Relevanz sich daran zeigt, dass jemand, der sie ablehnte, keine gültige Ehe schließen konnte. Die Ehe wird also, dies zeigt die Ehegüterlehre, der Kinder wegen geschlossen. Bedeutete dies aber, allein entscheidend ist, dass Kinder gezeugt werden? Dass dies ein voreiliger und falscher Schluss ist, zeigt v.a. die 1317 vollendete Summa de casibus oder Astesana. „Notandum autem quod in prole hoc intelligitur non tantum procreatio prolis, sed etiam educatio"/Unter Kind wird nicht nur die Erzeugung des Kindes, sondern auch dessen Erziehung verstanden (8,9,1). Entscheidend war folglich nicht die rein biologische Erzeugung eines Kindes, das Ehegut proles schloss vielmehr eo ipso die Erziehung mit ein. Hätte die Formulierung: `unter Kind wird nicht nur die Erzeugung, sondern auch dessen Erziehung verstanden` einen Sinn, wenn die Entwicklung des Kindes als naturhaftes Geschehen verstanden worden wäre? Wohl kaum! Im Hinblick auf die Anthropologie des Kindes ist vielmehr zu vermerken, dass der Erziehung die Funktion einer conditio sine qua non, also eine konstitutive und unabdingbare Funktion zugesprochen wurde. Nicht nur dieser Aspekt ist aber bezüglich der Astesana festzuhalten, an ihr werden noch andere Entwicklungen deutlich. Die Ehe verlor hier ihre negative Bewertung: „matrimonium est de iure naturae" (8,7,2) – der Mensch hat eine natürliche Neigung zur Ehe. Die gegenseitige Verwiesenheit des Menschen galt nun als specificum humanum. In Folge dessen galt auch der Ehevollzug nicht mehr als sündhaft, sondern als Ausdruck der gegenseitigen Verwiesenheit. Dass in diesem Rahmen die Zeugung eines Kindes ihren negativen Beigeschmack verlor, ist in sich logisch. Und im Hinblick auf das Kind zeichnete sich eine weitere interessante Entwicklung in der Astesana ab. Das Kind wurde ja als wesenhaft auf Erziehung angewiesen betrachtet und diese Erziehung hatte nun im Unterschied zur Raymundiana nicht mehr das Ziel „ut religiose informetur" (4,2,12), also das Ziel der Religiosität. Als Ziel der Erziehung galt vielmehr Lebenstüchtigkeit (8,7,2).
Stellt man sich nun an dieser Stelle die Frage, warum es zu diesen Entwicklungen innerhalb der Pönitentialsummen kam, sprechen ihre Entstehungsdaten für sich: die Raymundiana entstand in den Jahren 1222-1235, die Astesana wurde 1317 beendet. Diese Summen umfassen folglich gerade

den Zeitraum, in dem es durch die Rezeption des Aristoteles zu dem bereits mehrfach genannten Wandel der Denkstrukturen kam. Wie schon erwähnt, wurden neben Aristoteles aber auch medizinische Ansätze aufgenommen. Diese stellen neben den theologischen Überlegungen die zweite Reflexionsebene dar, deren konstitutive Funktion für die Sicht des Kindes nicht unterschätzt werden darf.

Wesentlich geprägt war die mittelalterliche Medizin durch ihre Aufnahme und Erweiterung der antiken Säftelehre. Durch die Übertragung der Elementenlehre des Empedokles (+ 432 v.Chr.) auf den Menschen proklamierte die antike Säftelehre, um sie kurz zusammenzufassen, vier Körperflüssigkeiten als Bausteine des Lebens: Blut, Schleim, gelbe und schwarze Galle. Waren diese Säfte im Gleichgewicht, war der Mensch gesund, waren sie im Ungleichgewicht, war er krank. Interessant und relevant ist dabei, dass Gleichgewicht und Ungleichgewicht nicht als Übereinstimmung oder Abweichung zu einem statistisch ermittelten Mittel- bzw. Normwert verstanden wurden. Entscheidend war die Isomoirie, das gleiche Verhältnis zwischen der Natur und dem Organismus. Konsequenterweise galt es, geographische und klimatische Bedingungen ebenso zu beachten wie die Konstitution und das Lebensalter des Einzelnen. Im Frühling und in der Kindheit herrschte danach das warme und feuchte Blut vor, im Winter und im Greisenalter hingegen der kalte und feuchte Schleim. Und wie im Sommer und in der Jugend die warme und trockene Galle überwog, so lag im Herbst und im Erwachsenenalter das Schwergewicht in der kalten und trockenen Galle (vgl. Zwick, 2004, 26-29). Dieses Grundmodell der hippokratischen Medizin wurde durch Galen (+ 199) systematisiert und durch Avicenna (+ 1037) kanonisiert. Und im Mittelalter wurde es nicht zuletzt in Folge der arabisch-islamischen Vermittlung in einer spezifischen Weise erweitert, wie die folgenden Abbildungen zeigen.

Säftelehre nach dem Corpus Hippocraticum

Herz
Luft
Frühling
Kindheit

Blut

Leber	gelbe		Schleim	Gehirn
Feuer	Galle			Wasser
Sommer				Winter
Jugend				Greisen-
				alter

Schwarze Galle

Milz
Erde
Herbst
Erwachsenenalter

Mittelalterliche Erweiterungen

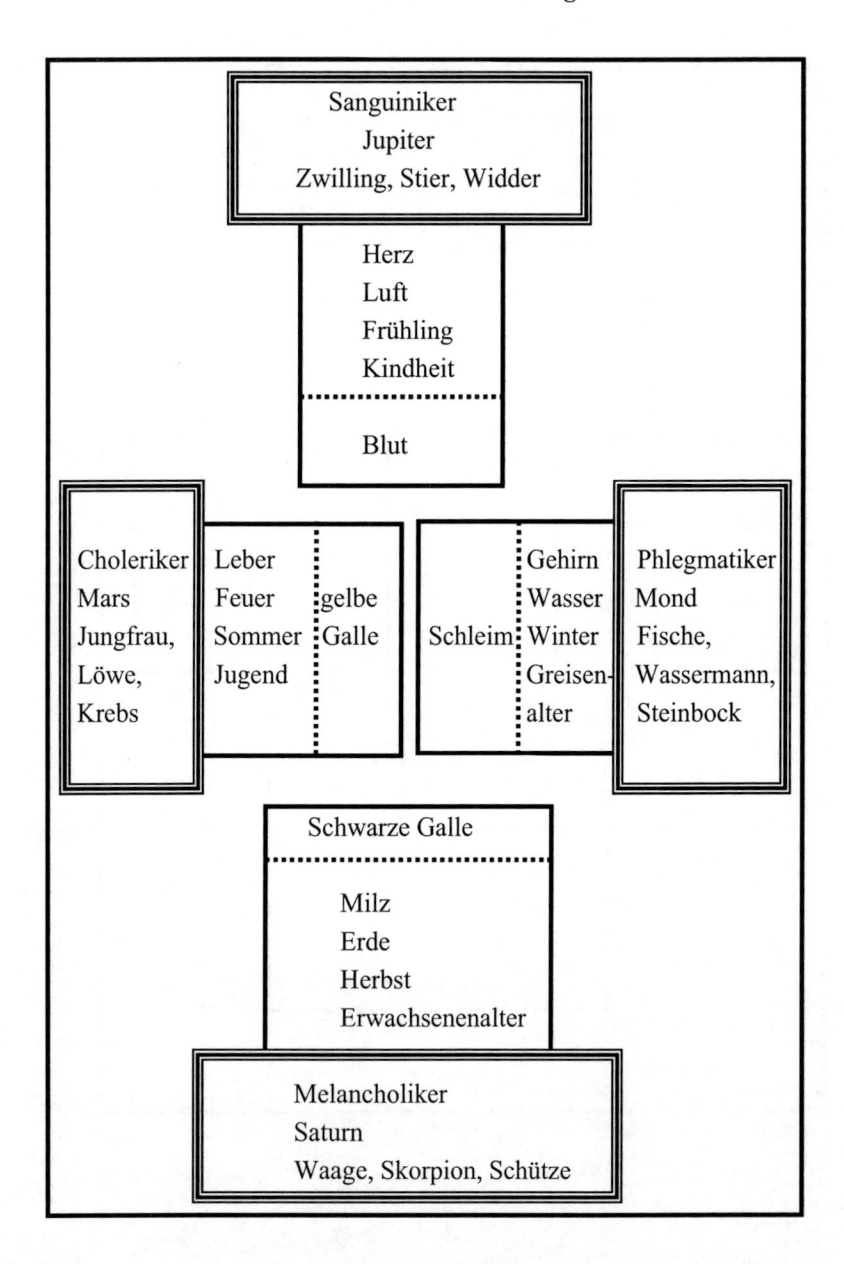

Sanguiniker
Jupiter
Zwilling, Stier, Widder

Herz
Luft
Frühling
Kindheit

Blut

Choleriker	Leber			Gehirn	Phlegmatiker
Mars	Feuer	gelbe		Wasser	Mond
Jungfrau,	Sommer	Galle	Schleim	Winter	Fische,
Löwe,	Jugend			Greisen-	Wassermann,
Krebs				alter	Steinbock

Schwarze Galle

Milz
Erde
Herbst
Erwachsenenalter

Melancholiker
Saturn
Waage, Skorpion, Schütze

Auffallend bei den mittelalterlichen Erweiterungen ist die Thematisierung von Planeten, Tierkreiszeichen und Temperamenten. Man sollte zwar damit vorsichtig sein, dies als Novum des Mittelalters zu betrachten, da Tierkreiszeichen bereits in Mesopotamien entwickelt wurden. Aber auch wenn es kein Novum im Sinne einer völlig neuen Entdeckung ist, handelt es sich doch um etwas Neues im Sinne einer Fortentwicklung.

Der Überschuss eines Saftes, so der Grundgedanke, führt nicht unbedingt zur Erkrankung, er prägt jedoch den Menschen in seinem Charakter und Verhalten. Hat der Mensch Blut im Überfluss, ist er Sanguiniker, herrscht Schleim vor, ist er Phlegmatiker. Wird er von der schwarzen Galle beherrscht, ist er Melancholiker und zum Choleriker wird er durch zu viel gelbe Galle. Jedem der Temperamente wurden dabei spezifische Charakterzüge und Verhaltensformen zugeschrieben. Nach dem Regimen sanitatis der Schule von Salerno ist der Sanguiniker fett, rotwangig und heiter, freigebig und liebevoll, aber auch verwegen. Und v.a. hat er eine besondere Freude an Venus und Bacchus und er liebt es, Gerüchte zu hören und zu verbreiten. Der Choleriker wiederum ist mager, obwohl er viel isst. Er hat eine gelbliche Hautfarbe und wächst sehr schnell. Auf der einen Seite ist er hochherzig, mutig und freigebig, auf der anderen Seite aber verschwenderisch, zornig, trügerisch und listig. Eine untersetze fette Statur ist Kennzeichen des Phlegmatikers. Seine Hautfarbe ist weiß, er hat nur mäßig Kraft und liebt Muße und Schlaf weit mehr als Studien. Überhaupt ist er stumpfsinnig, langsam, träge und dumm. Der Melancholiker hingegen ist ein wacher Geist, der seine Vorsätze durchführt. Sein äußeres Kennzeichen ist eine gelblich schmutzig wirkende Hautfarbe. Und sein Charakter? Er ist traurig, neidisch, gierig, furchtsam und betrügerisch.

Bedenkt man nun, dass der Mensch körperlich, aber auch in seinem Verhalten und Charakter als durch die Verteilung der Säfte geprägt galt, könnte schon leicht der Schluss gezogen werden, hier herrsche ein Determinismus vor. Und dieser Schluss scheint noch leichter gezogen werden zu können, wenn man sich vor Augen hält, wie die Verteilung der Säfte erklärt wurde. Hier kamen nämlich die Planeten ins Spiel. Hildegard von Bingen († 1179) betonte z.B., wer „im fünften Mond empfangen wird, wird, wenn es ein Knabe ist, rechtschaffen und zuverlässig, tapfer und ausdauernd sein, gesund am Körper und ziemlich lange leben. Wenn es aber eine Frau ist, wird sie männlicher Art, zanksüchtig und unfreundlich sein, dabei aber rechtschaffen" (Hildegard von Bingen, ³1982, 346). Wenn das quantitative Verhältnis der Säfte durch die Konstellation von Planeten bestimmt ist, dann scheint auf den ersten Blick der Schluss logisch zu sein, den Shahar zieht: „So bestimmt in der Lehre der Körpersäfte allein die Physiologie den Charakter eines Menschen" (Shahar, 1991, 193).

Ist dieser Schluss aber so logisch wie er erscheint? Werden hier nicht vielmehr Einzelaussagen verabsolutiert? Um den Gesamtkomplex in seinem eigentlichen Aussagegehalt zu verstehen, ist nämlich zu bedenken, dass Planetenkonstellationen im Mittelalter nicht als Instrumentalursache verstanden wurden, sondern als Exemplarursache, d.h.: Sie galten nicht als Ursache des Seins und Wesens eines Menschen, sondern als symbolischer Ausdruck bestimmter Seiten seines Wesens. „Die Sterne", so Hildegard von Bingen, „tun zuweilen viele Zeichen an sich kund, je nachdem wie die Menschen gerade in ihren Werken sich haben. Sie zeigen aber weder Zukünftiges noch auch die Gedanken der Menschen an, sondern nur das, was der Mensch bereits als eigenen Willen dargetan hat oder in Worten und Taten betreibt, weil die Luft dies aufnimmt. Sie teilt es den Sternen mit und sogleich offenbaren diese der Menschen Werke" (Hildegard von Bingen, ³1982, 31f.). Um den Gesamtkomplex adäquat zu erfassen, müssen folglich die Mikro-Makrokosmos-Überlegungen des Mittelalters mitbedacht werden. Vielleicht könnte man ja, um deren Struktur und Ziel aufzuzeigen, mit modernen Worten auch sagen: das Handeln des Menschen hat Auswirkungen auf seine gesamte Umwelt und dies wirkt auf ihn zurück. Nicht dieser Aspekt ist hier aber zentral. Vielmehr sollte nochmals die Frage aufgegriffen werden, welche Rolle physiologischen Konstanten für das Sein und Werden des Menschen zugedacht wurde.

Wie die Säftelehre zeigte, galten physiologische Konstanten als Gründe für spezifische Charaktereigentümlichkeiten und Handlungsbereitschaften. Physiologische Konstanten erklärten auch altersspezifische Verhaltensweisen, sie waren aber keine Determinierung. Sie stellten Rahmenbedingungen der Erziehung dar, waren aber weder deren Gegensatz noch

Grenze. Durch die Aufnahme der antiken Säftelehre übernahm das Mittelalter vielmehr auch deren Grundgedanken der Formbarkeit der Natur. Antike Vorstellungen wurden jedoch nicht nur in dieser Hinsicht für das Mittelalter bedeutend. Nicht minder relevante Konsequenzen hatte auch die Aufnahme der aristotelischen Zeugungsvorstellung. Dass im Mittelalter auch andere Zeugungstheorien bekannt waren, zeigt beispielsweise Willhelm von Conches (+ 1157) durch seine Betonung, es gäbe ein weibliches Sperma. Am bekanntesten und am folgenreichsten war jedoch die aristotelische Zeugungstheorie.

Nach Aristoteles liegt die aktive Kraft bei der Zeugung allein beim Mann. Die Frau ist passiv, sie stellt lediglich ihr Menstrualblut als Nährmaterial für das gezeugte Kind zur Verfügung. Wenn allein der Mann die aktive Kraft bei der Zeugung ist, ist es letztlich logisch, dass der Mann eigentlich nur einen Mann zeugen kann/könnte. Und ebenso konsequent ist es dann, dass die Entstehung eines Mädchens einer genaueren Erklärung bedarf. Entsteht ein Mädchen, ist es per se zufällig und mangelhaft: Es wurde entweder aufgrund einer Schwäche des Mannes, einer Schwäche der Frau oder in Folge äußerer Einflüsse in Form des feuchten Südwindes gezeugt. Die aristotelische Zeugungskonzeption soll hier nicht in ihrer gesamten Breite erörtert werden (vgl. Zwick, 2004, 25-30). Relevanter erscheint es, zu fragen, welche Auswirkungen sie hatte. Betrachtet man nämlich die Lebens- und Bildungsmöglichkeiten von Mann und Frau genauer, wird vieles auf der Basis dieser Zeugungsvorstellung begründet. Die Frau – ein zufälliges und mangelhaftes Wesen? Diese Frage ist eine Grundfrage, die vielfache und höchst different anmutende konkrete Lebensbedingungen zu erklären vermag und deshalb genauer betrachtet werden sollte.

Weiterführende Literatur:

Arnold, K. (1980). Kind und Gesellschaft in Mittelalter und Renaissance. Paderborn
Arnold, K. (1986). Kindheit im europäischen Mittelalter. In: Martin, J./Nitschke, A. (Hrsg.). Zur Sozialgeschichte der Kindheit. Freiburg/München. S. 443-467
Baader, G./Keil, G. (Hrsg.). (1982). Medizin im mittelalterlichen Abendland. Darmstadt
Bartholomäus Anglicus. (1964). De rerum proprietatibus. Frankfurt/M.
Boswell, J.E. (1984). Expositio and oblatio: The Abandonment of Children and the Ancient and Medieval Family. American Historical Review (89). 10-33
Gnilka, Ch. (1972). Aetas spiritalis. Die Überwindung der natürlichen Altersstufen als Ideal frühchristlichen Lebens. Bonn
Hennecke, E./Schneemelcher, W. (Hrsg.). (1989/90). Neutestamentliche Apokryphen. 2 Bde. Tübingen
Hildegard von Bingen. (^{3}1982). Ursachen und Behandlungen von Krankheiten. Causae et curae. Heidelberg
Lahaye-Geusen, M. (1991). Das Opfer der Kinder. Ein Beitrag zur Liturgie- und Sozialgeschichte des Mönchtums im Hohen Mittelalter. Altenberge
Megenberg, K.v. (1973/81). Ökonomik. Hrsg. v. S. Krüger. Stuttgart
Payer, P. (1984). Sex and the Penitentials. The Development of a Sexual Code 550-1150. Toronto/Buffalo/London
Repkow, E. v. (1936). Der Sachsenspiegel <Landrecht>. Hrsg. v. H.C. Hirsch. Berlin/Leipzig
Repkow, E.v. (^{2}1991). Der Sachsenspiegel. Hrsg. v. C. Schott. Zürich
Schindler, A. (^{5}1993). Apokryphen zum Alten und Neuen Testament. Zürich
Schipperges, H. (1990). Der Garten der Gesundheit. Medizin im Mittelalter. München
Schmugge, L. (1995). Kirche, Kinder, Karrieren. Päpstliche Dispense von der unehelichen Geburt im Spätmittelalter. Zürich
Schneider, G. (1995). Evangelia infantiae apocrypha. Freiburg/Br.
Schola Salerni. (1987). Regimen sanitatis. Ed. A. Sinno/S. Visco Milano
Shahar, S. (1991). Kindheit im Mittelalter. München/Zürich
Voragine, J. de. (^{11}1993). Die Legenda Aurea. Übers. Von R. Benz. Darmstadt
Weisser, U. (1983). Zeugung, Vererbung und pränatale Entwicklung in der Medizin des arabisch-islamischen Mittelalters. Erlangen
Ziegler, J.G. (1956). Die Ehelehre der Pönitentialsummen von 1200-1350. Regensburg
Zwick, E. (2001). Vormoderne oder Aufbruch in die Moderne? Studien zu Hauptströmungen des Mittelalters. Hamburg
Zwick, E. (2004). Spiegel der Zeit – Grundkurs Historische Pädagogik I. Antike: Griechenland - Ägypten - Rom - Judentum. Münster

5 Zufällig und mangelhaft? Strukturen der Reflexion über die Frau

Vielschichtig wie das gesamte Mittelalter an sich ist auch die Geschichte der Frauen im Mittelalter. Und gerade angesichts dessen wäre es mehr als vermessen, wenn versucht würde, ein umfassendes Bild zu geben. Wie einleitend betont wurde, verfolgt der Grundkurs Historische Pädagogik das Ziel, einen strukturierten Überblick zu geben. Dieses Ziel steht konsequenterweise auch hier im Vordergrund. Will man aber einen Überblick über das Thema: Frauen im Mittelalter geben und sich dabei nicht in einer mehr oder weniger oberflächlichen Beschreibung einzelner Facetten verlieren, ist es erforderlich, die Aspekte in den Vordergrund zu stellen, die sich bei aller Vielschichtigkeit als Grundelemente eruieren lassen.

In welcher Form auf diesem Hintergrund ein Überblick gegeben werden kann, zeigt ein Blick auf die bislang zentralen Schwerpunkte unter denen die Geschichte der Frauen im Mittelalter behandelt wurde und wird. Neben demographischen und Alltagsfragen werden Komponenten der Rechtsstellung, der ständespezifischen Ausprägungen, der Lebensformen und Bildungsmöglichkeiten ebenso analysiert wie die Grundstrukturen mittelalterlicher Frauenbilder. Letzteres vermag dabei als Fundament und Klammer der einzelnen Schwerpunkte zu fungieren. Viele Facetten des Lebens, der Rechte und der Bildung der mittelalterlichen Frau sind so eng verwoben mit den Bildern, die man von der Frau hatte, dass gerade eine Betrachtung dieser Strukturen der Reflexion über die Frau es ermöglicht, Grundelemente zu eruieren mittels derer die innere Vielschichtigkeit der Thematik systematisiert werden kann. Auf den ersten Blick muten nämlich Lage und Beurteilung der Frau nicht nur als vielfältig, sondern sogar als widersprüchlich an.

Frauen führten z.B. keine Waffen und dies war zugleich ein Grund ihrer rechtlichen Einschränkung. Wer nicht wehrfähig war, wer sich und andere nicht aus eigener Kraft verteidigen konnte, galt als schutzbedürftig. Und ein Schutzbedürftiger war gemäss der alten germanischen Anschauung nicht vollfrei und als Konsequenz dessen auch rechtlich nicht in vollem Sinne handlungsfähig. Frauen, nicht wehrfähig und demzufolge schutzbedürftig und rechtlich nicht handlungsfähig, mussten deshalb unter der

Muntgewalt eines Mannes stehen. Dies war die eine Seite. Auf der anderen Seite wurde 964 erstmals eine Frau, nämlich Adelheid (+999), die zweite Ehefrau Ottos I. (+973), als regni consors bezeichnet, d.h.: mindestens bis zum Niedergang der kaiserlichen Zentralgewalt während des Investiturstreites stand Frauen im Deutschen Reich das consortium imperii, die Mitherrschaft, zu. Nicht nur Herrscherinnen wurde jedoch Handlungsfähigkeit zugesprochen. Wie die v.a. in den Städten festzustellende Entwicklung des ehelichen Güterrechts zu einer Gütergemeinschaft zeigt, wurde den Frauen zunehmend mehr Geschäftsfähigkeit zugesprochen. Selbstständig handeltreibenden ledigen Frauen gestanden das Augsburger Stadtrecht von 1276 und das Lübecker Stadtrecht von 1294 sogar volle Verfügungsgewalt über ihr Eigentum zu.

Die unterschiedliche Einschätzung der Handlungsfähigkeit der Frau ist nur ein Beispiel, aber daran wurde wohl schon deutlich, dass es kurzschlüssig wäre, von *der* Frau und *dem* Frauenbild im Mittelalter zu sprechen. Dazu war, wie bis jetzt schon deutlich wurde, die Stellung der Frau zu sehr von ihrem jeweiligen Stand abhängig und dazu waren auch die Gedanken, die man sich über das Wesen der Frau machte, zu heterogen. Welche Vorstellungen hatte man von der Frau? Verführte sie wie die biblische Eva zur Sünde oder führte sie wie Maria zu Gott?

Einen Hinweis darauf, wie die Frau gesehen wurde, findet man bei Hieronymus (+ 420). Sowohl in seinem Brief an Laeta (ep. 107), die Mutter der kleinen Paula als auch in seinem an Pacatula und deren Vater Gaudentius gerichteten Brief an Pacatula (ep. 128) formulierte er Leitlinien für die Mädchenerziehung, die nicht nur zu einem Grundmuster mittelalterlicher Mädchenerziehung wurden, sondern auch Grundstrukturen der Reflexion über die Frau deutlich werden lassen.

Mädchen sollen, so Hieronymus, v.a. Handarbeiten lernen. Lesen, Schreiben und Latein benötigen sie nur um die Bibel lesen zu können. Mädchen sollen auch Spiele vermeiden und man muss sie stets asketisch erziehen. Schamhaftigkeit, Enthaltsamkeit und Demut sollten Leitlinien und zugleich Ziel der Mädchenerziehung sein. Hieronymus war mit seinen Anschauungen keineswegs allein. Cyprian (+ 258) hatte sie in seiner Schrift De habitu virginum ebenso vertreten wie Ambrosius (+ 397) in De virginibus libri tres. Und neben bzw. mit ihnen legte Hieronymus mit seinen Briefen die Grundsätze mittelalterlicher Mädchenerziehung fest. Stellt man sich nun die Frage, welches Frauenbild hinter diesen Empfehlungen steht, werden Denkmuster deutlich, die man durchaus als common sense der Zeit betrachten kann. Verglichen mit den Männern galten Frauen nicht nur als leichter verführbar, sondern auch als primär an die Sinne gebundene Wesen von geringerem Verstand. Wie kam es aber zu diesen Vorstellungen? Um sich den mittelalterlichen Spekulationen über die Frau anzunähern müssen zunächst germanische, biblische und frühchristliche Komponenten skizziert werden.

Über die Stellung der Frau bei den Germanen wurde und wird viel geschrieben. Am bekanntesten ist vielleicht Tacitus (+ um 120), der in seiner Germania wiederholt die besondere Stellung der germanischen Frau hervorhob. Gibt Tacitus aber die Realität wieder? Die schon fast mehr als schmal zu nennende Quellenlage hinsichtlich der Stellung der Frau bei den Germanen ermöglicht zwar lediglich rudimentäre Kenntnisse, aber auch diese sind interessant. Frauen wurden einerseits prophetische Fähigkeiten zugeschrieben und möglicherweise nahmen sie bei wandernden Stämmen sogar an Kriegen teil. Andererseits wurde aber nur der Ehebruch der Frau bestraft und beim Tod des Mannes wurde das Mitsterben der Ehefrau gefordert. Prokopius berichtet beispielsweise in seinem Gotenkrieg, dass sich die Gattin eines Herulers an dessen Grabmal erdrosseln musste. Sollte die Frau nicht mit ihm sterben, dann konnte der Mann sie verschenken oder vererben. Auch der Verkauf von Frauen war keine Seltenheit: Um den Tributforderungen der Römer nachzukommen, verkauften die Friesen im Jahr 28 ihre Frauen. Bezeichnend für die Stellung der Frau ist darüber hinaus, dass Frauen nicht nur von öffentlichen Ämtern, sondern auch von priesterlichen Funktionen ausgeschlossen waren. Im Unterschied zu anderen antiken Religionen galt dies sogar für alle priesterlichen Funktionen: Selbst im Heiligtum der Fruchtbarkeitsgöttin Nerthus versah ein Mann den Dienst. Und wie sich germanisches Denken auf die Einschätzung der Handlungsfähigkeit der Frau auswirkte, wurde ja bereits erwähnt.

Die germanische Frau, soviel kann also festgehalten werden, war nahezu rechtlos. Angesichts dessen sollte man vorsichtig sein mit vorschnellen

Verweisen auf die besondere Stellung der Frau bei den Germanen. Auch Tacitus, dies sei noch kurz erwähnt, sollte nicht voreilig interpretiert werden. Seine Germania ist schließlich kein Bericht, sondern v.a. ein Gegenbild zu der von ihm negativ bewerteten römischen Gesellschaft. Und auf diesem Hintergrund wird wohl von selbst deutlich, dass seine Darstellungen der germanischen Frauen nicht als Tatsachenberichte gesehen werden dürfen. Wie bereits erwähnt wurden aber für das Mittelalter neben germanischen v.a. biblische und frühchristliche Komponenten relevant. Deshalb ist es erforderlich, auch darauf einen Blick zu werfen.

Betrachtet man zunächst die Evangelien, kann durchaus von positiven Aussagen gesprochen werden. Mann und Frau sind hier gleichwertig. Tradierte Rollen, etwa die Vorstellung, die Frau solle nur Hausfrau und Mutter sein, werden, wie die Geschichte von Martha und Maria im Lukasevangelium (10, 38-42) zeigt, sogar in Frage gestellt. Auch dass Jesus einer Frau erlaubt, ihn zu salben, spricht für sich: Die Salbung war schließlich eine Höflichkeitsgeste des Hausherrn (Lk 7,36-50; Mt 26,6-13; Mk 14,3-9; Joh 12,3-8). Negative Aussagen über die Frau können hingegen v.a. in den Briefen des Neuen Testamentes gefunden werden. Im Galaterbrief (3,28) betont Paulus zwar die Gleichheit von Mann und Frau, im 1. Korintherbrief (11,3) spricht er aber im Hinblick auf das irdische Leben von einer hierarchischen Ordnung. Caput autem mulieris vir – der Mann ist das Haupt der Frau. Und als Begründung gilt hier (11,8f.) die zweite Schöpfungserzählung aus Genesis 2,22f, wonach die Frau nach, aus und für den Mann geschaffen wurde. Für sich sprechen auch die nach heutigem Forschungsstand allerdings nicht von Paulus stammenden Pastoralbriefe, d.h. der 1. und 2. Timotheusbrief und der Titusbrief. Im 1. Timotheusbrief (2,13f.) wird nämlich nicht nur allein die zweite Schöpfungserzählung genannt, interessant und für die Frauen folgenreich ist auch der Gesamtzusammenhang. So heißt es im Kapitel zu Männern und Frauen: „Auch sollen die Frauen sich anständig, bescheiden und zurückhaltend kleiden; nicht Haartracht, Gold, Perlen oder kostbare Kleider seien ihr Schmuck, sondern gute Werke; so gehört es sich für Frauen, die gottesfürchtig sein wollen. Eine Frau soll sich still und in aller Unterordnung belehren lassen. Daß eine Frau lehrt, erlaube ich nicht, auch nicht, daß sie über ihren Mann herrscht; sie soll sich still verhalten. Denn zuerst wurde Adam erschaffen, danach Eva. Und nicht Adam wurde verführt, sondern die Frau ließ sich verführen und übertrat das Gebot. Sie wird aber dadurch gerettet werden, daß sie Kinder zur Welt bringt, wenn sie in Glaube, Liebe und Heiligkeit ein besonnenes Leben führt" (2,9-15). Das Verhalten von Frauen ist auch im Titusbrief Thema. „Ebenso seien die älteren Frauen würdevoll in ihrem Verhalten, nicht verleumderisch und nicht trunksüchtig; sie müssen fähig sein, das Gute zu lehren, damit sie die jungen Frauen dazu anhalten können, ihre Männer und Kinder zu lieben, besonnen zu sein, ehrbar, häuslich, gütig und ihren Männern gehorsam, damit das Wort Gottes nicht in Verruf kommt" (2,3-5). Hält man sich die angesprochenen Tugenden vor Augen und ruft man sich die Empfehlungen ins Gedächtnis, die Hieronymus in seinen Briefen gab, dann werden die biblischen Wurzeln dieser Empfehlungen von selbst deutlich. Und betrachtet man die Begründungsstrukturen, werden zudem auch die Denkmuster erkennbar, die sich im mittelalterlichen Diskurs in besonderer Weise ausprägten: wird über die Frau reflektiert, dann stellen die zweite Schöpfungserzählung und die Schuld Evas am Sündenfall Basis und Rahmen der Reflexionen dar. Die Inferiorität der Frau damit zu begründen, dass sie als zweites Wesen geschaffen wurde und den Sündenfall verursachte, wurde in frühchristlichen Ansätzen sogar noch von anderer Seite gestützt. Ambrosius (+ 397) begründete nämlich die Inferiorität der Frau nicht nur durch den Sündenfall, er sah sie vielmehr auch als eine natürliche Ordnung an. In De paradiso (12,56; 15,73) ordnete er die Frau dem sensus, der Sinnlichkeit, und den Mann der ratio, der Vernunft, zu. Und wie die Vernunft über der Sinnlichkeit stehen soll, so soll der Mann über der Frau stehen. Ambrosius ist hier kein Einzelfall, die Parallelisierung von Frau, Sinnlichkeit und Körper bzw. Mann, Vernunft und Geist ist vielmehr ein gängiges Denkmuster, das eigene Konsequenzen hatte.

Interessant ist hier zunächst die Vorstellung, der Frau stünden zwei Wege offen: virgo aut matrona/Jungfrau oder Ehefrau. Der der Sinnlichkeit und dem Leib zugeordneten matrona oblag es, Kinder zu bekommen, die virgo hingegen war dem Geist und Gott zugeordnet. Nicht minder interessant ist zudem, dass mit der Parallelisierung von Frau, Sinnlichkeit und Körper

sowie von Mann, Vernunft und Geist auch moralische Wertungen verbunden waren. Männlich-werden galt als ethisches Soll und religiöses Muss. Die erste Reaktion darauf mag wohl sein, dies deute auf eine Unterdrückung, ja sogar Verachtung der Frau hin. Entspricht dies aber dem wirklichen Aussagegehalt oder ist es ein vorschnelles Urteil?
Männlich- und Weiblichsein galten als Gegensatz und Männlichwerden, dies kann ebenfalls festgehalten werden, galt als Entwicklung zu einem höheren Stadium moralischer und geistiger Vollkommenheit. Ambrosius (+ 397) betonte beispielsweise, dass die Frau vir perfectus/vollkommener Mann werde, wenn sie sich ganz dem Glauben zuwende (PL 15, 1843ff.). Und auch Hieronymus (+ 420) schrieb in seinem Brief an Licinus über eine gewisse Theodora: „... sie ist Deine Schwester geworden, wurde aus einer Frau Mann" (71,3). Um hier aber keine voreiligen Schussfolgerungen zu ziehen, müssen zwei Aspekte beachtet werden.
Zum einen darf der Hintergrund nicht ausgeblendet werden. Die Bezugspunkte der Forderung des Männlichwerdens waren nämlich der Epheserbrief (4,13) und der Galaterbrief (3,28), d.h.: Um den eigentlichen Aussagegehalt des vir perfectus adäquat zu verstehen, müssen deshalb die biblischen Metaphern als dessen Bezugsfelder mitreflektiert werden. Wie die exemplarische Analyse von Vogt (1985) zeigt, war die Forderung des Männlichwerdens infolgedessen nicht auf das Geschlecht bezogen, sie galt für Mann und Frau. Sie war die Mann und Frau in gleicher Weise betreffende religiöse Forderung, Christus ähnlicher zu werden. Das Geschlecht war folglich spiritualisiert, die Zugehörigkeit zu einem Geschlecht galt nicht als unabänderliche Naturtatsache. Männlichwerden war eine Aufgabe für jeden Menschen. Zum anderen sollte man auch nicht übersehen, dass die Geschlechtlichkeit des Menschen erst im 18. Jahrhundert zum zentralen Thema wird. Erst in dieser Zeit, also viele Jahrhunderte nach dem Mittelalter, wird von zwei verschiedenen Geschlechtern gesprochen und erst ab dieser Zeit beginnen die Debatten über die sog. Natur des Mannes und der Frau. Stereotypisierungen der Geschlechter wie überhaupt der Gedanke, die körperliche Konstitution sei Ursache eines vermeintlich typisch weiblichen und männlichen Denkens und Verhaltens, sind Probleme, die erst der Diskurs des 18. Jahrhunderts geschaffen hat. Und es wäre mehr als fragwürdig,

diese uns wahrscheinlich allzu vertrauten Denkmuster auf das Mittelalter zu übertragen. Historisch zu arbeiten bedeutet eben auch zu differenzieren und das eigene Denken zu kontextualisieren. Auch die eigenen Denkmuster sind historisch und ihre Zeitgebundenheit ist auch ihre Grenze.

Geht man nun wieder zurück zu der Forderung des Männlichwerdens, so stellt sich wohl die Frage nach deren Folgen. Wenngleich theologisch an sich nicht intendiert, nahmen die Forderung des Männlichwerdens und die Parallelisierung von Mann, Vernunft und Geist bzw. Frau, Sinnlichkeit und Körper doch ihre eigenen Entwicklungen. Heute würde man dies vielleicht die Problematik der Popularisierung wissenschaftlicher Theorien nennen. Wirkmächtig wurde die Parallelisierung von Frau, Sinnlichkeit und Körper v.a. durch die Verknüpfung mit einem bereits angesprochenen Aspekt: die Verbindung der Frau mit dem Sündenfall. Betrachtet man an dieser Stelle einmal den Ambrosiaster, den unter Papst Damasus (+ 384) in Rom entstandenen und unter dem Namen des Bischofs Ambrosius überlieferten Kommentar zu 13 Paulusbriefen, sprechen die Ausführungen für sich.

Weil der Mann der Ursprung der Frau ist und sie folglich ein Teil von ihm ist, ist die Frau ihm untergeordnet. Zudem, so weiter der Ambrosiaster, widerspricht es der Würde des Mannes, sein Haupt zu verhüllen. Der Mann ist ja nach dem Bild Gottes geschaffen und das Bild Gottes darf nicht verborgen werden. Das Bild Gottes ist aber allein im Mann, weil der eine Gott auch nur den einen Menschen geschaffen hat. Die Frau hingegen, die aus dem Mann geschaffen wurde, ist nicht nach dem Bild Gottes geschaffen und muss deswegen ihr Haupt verhüllen. Weil die Sünde durch sie begonnen hat, muss sie als Zeichen den Schleier tragen. Vor allem muss sie, so betont der Ambrosiaster, in der Kirche vor dem Stellvertreter Christi, dem Bischof, stets ihr Haupt bedecken.

Der Ambrosiaster verdient insofern eine besondere Beachtung als hier sämtliche Argumente anklingen, die im Rahmen der Reflexion über die Frau formuliert wurden. Neben der zweiten Schöpfungserzählung, nach der die Frau aus der Rippe des Mannes geschaffen wurde, wird hier auch betont, dass allein der Mann Bild Gottes sei. Interessant sind dabei die Begründungen. Der Mann ist das eigentliche Bild Gottes, weil Christus ein Mann war und weil der *eine* Gott auch nur *einen* Menschen, den Mann,

geschaffen hat. Der Mann ist imago dei, der Frau hingegen kommt nur die similitudo, die Ähnlichkeit zu. Und mit der Frau ist zudem noch ein großes Problem verbunden:
Einer Frau, nämlich Eva, wurde ja die Schuld am Sündenfall zugesprochen und dies wurde zu einem Hauptargument. Über die Mitschuld Adams wurde zwar auch nachgedacht, aber sie spielte eine weit geringere Rolle. Petrus Lombardus (+ 1160) sah z.b. die Schuld Adams lediglich als Kavaliersdelikt. Adam sündigte nur, weil er Eva nicht alleine sündigen lassen wollte. Für die Frau hingegen hatte die Verbindung mit der sündigen Eva eigene Folgen. Und dass sie diese haben konnte, beruhte auf der Vernetzung einzelner Gedankenstränge.
Sensualitas, die mit der Frau gleichgesetzte Sinnlichkeit, wurde zunehmend sexualisiert und diese Sexualisierung war wiederum nicht zuletzt durch die bereits erwähnte Sexualisierung der Erbsünde durch Augustinus (+ 430) per se negativ akzentuiert. Wie sehr die Frau mit Sünde gleichgesetzt wurde, zeigen viele bildliche Darstellungen, auf denen die Frau mit der das Böse symbolisierenden Schlange identifiziert wird. Frau und Schlange sind letztlich eins: die Schlange hat einen Frauenkopf oder der Oberkörper der Frau geht in den Rumpf der Schlange über. Allgemein bekannt dürfte wohl das Deckengemälde in der Sixtinischen Kapelle sein, auf dem das Bein der Frau mit der Schlange verschmilzt.
Was jedoch nicht übersehen werden sollte, ist, dass die theologischen Argumentationen auch durch biologische und naturphilosophische Thesen gestützt wurden. Zu verweisen ist hier auf die bereits genannte aristotelische Zeugungslehre. Aus ihr wurde nämlich gefolgert, die Frau sei mas occasionatus, ein unausgereifter, potentieller Mann und deshalb per se schwach und unvollständig. Die Frau als ein zufälliges und mangelhaftes Wesen zu sehen, war jedoch nicht der einzige Standpunkt, der vertreten wurde.
Im 11. Jh. übersetzte Alfanus von Salerno (+ 1085) die Schrift De Natura hominis von Nemesios von Emesa (+ ca. 400). Da sich Nemesios neben Aristoteles auch Galen (+ 200) zugewandt hatte, wurde letzterer bekannter und damit auch dessen These, die Frau leiste einen aktiven Beitrag bei der Zeugung des Kindes. An Wilhelm von Conches (+ um 1154), einem der

größten Vertreter der These eines weiblichen Samens, kann allerdings aufgezeigt werden, dass mit diesem Ansatz nicht nur positive Implikationen verbunden waren. In einer gewissen Hinsicht bedingte die These des weiblichen Samens zwar ein anderes Bild von der Frau, insofern statt der ihr von Aristoteles zugeschriebenen Passivität nun ihre Aktivität und Selbstständigkeit im Vordergrund standen. Aber dass davon gesprochen wurde, die These des weiblichen Samens habe nur in einer gewissen Hinsicht ein anderes Bild von der Frau nach sich gezogen, verweist bereits auf die Grenzen. Denn welches Bild hat sich geändert? Das Bild von allen Frauen oder das Bild einer Frau? Bei der Betrachtung des Kindes im Mittelalter wurde schon darauf hingewiesen, dass im Zuge frömmigkeitsgeschichtlicher Entwicklungen nicht das *Kind*, sondern *das* Kind in den Mittelpunkt gestellt wurde und dies gilt auch hier: Die These des weiblichen Samens hatte weniger für die *Frau* als für *die* Frau Folgen. Oder anders gesagt:
Das 12. Jh. war ein Jahrhundert der großen Marienverehrung und die These des weiblichen Samens führte v.a. im Rahmen der Mariologie zu neuen Ansätzen. Um den aktiven Beitrag Marias bei der Empfängnis ihres Sohnes Jesus hervorzuheben wurde zunehmend auf die Relevanz ihrer aktiven Zustimmung verwiesen. Damit wird aber verständlich, warum betont wurde, die These des aktiven Samens habe nur in gewisser Hinsicht eine Änderung des Bildes von der Frau bedingt. Ob überhaupt und wenn ja, wie sich die Änderungen im Bild Marias auf die weibliche Lebensrealität auswirkten, ist eine schwer zu beantwortende Frage. Zwar könnte auf die Frauenmystik der Zeit verwiesen werden, aber ob und in welcher Form ein Zusammenhang besteht, muss hier als offene Frage stehen bleiben. Neben diesen einschränkenden Hinweisen muss aber auch noch auf eine problematische Folge der These des weiblichen Samens verwiesen werden. Und diese Folge hatte durchaus Auswirkungen für das Leben der Frauen.
Um die These vom weiblichen Samen zu beweisen stützte sich Wilhelm von Conches auf die Unfruchtbarkeit von Prostituierten. Prostituierte, so Wilhelm von Conches, empfinden beim Geschlechtsverkehr keine Lust und da sie keine Lust empfinden, haben sie auch keinen Samenerguss und können deshalb auch kein Kind empfangen. Nicht der Beweis an sich ist jedoch das eigentlich Problematische, sondern die Fortführung des Gedan-

kenganges. Eine Schwangerschaft infolge einer Vergewaltigung wird nämlich damit begründet, dass die Frau dabei Lust empfunden hätte. Rechtlich musste eine vergewaltigte Frau, dies sei noch kurz erwähnt, noch lange Zeit nachweisen, dass sie keine Lust empfunden hatte. Und eine Schwangerschaft galt stets als Zeichen dafür, dass sie Lust empfunden hatte.

Insgesamt betrachtet wurden die Folgen der These vom weiblichen Samen weit mehr aufgenommen als die These selbst. Und letztendlich wurde trotz teils heftig geführter Debatten doch der aristotelische Ansatz zum vorherrschenden Denkmodell. Und auch hier wurden v.a. die Folgen problematisch. Da die Frau infolge eines Mangels bei der Zeugung entstand, galt sie als von Natur aus minderwertig. Sie war gleichsam die Vorstufe zum Mann und gerade deshalb ein Wesen minderer Qualitäten. Letztlich wurde die biologische Minderwertigkeit mit einer geistigen, ethischen und religiösen Minderwertigkeit verbunden bzw. gleichgesetzt. Es gab nur eine Ausnahme und diese Ausnahme zeigt zugleich die schon thematisierte eigene Entwicklung der Forderung des Männlichwerdens: das gottgeweihte Leben im Kloster.

Blickt man auf die bis jetzt dargelegten Strukturen der Reflexion über der Frau zurück und führt man sich zugleich die weiblichen Lebensformen im Mittelalter vor Augen, wird verständlich, warum diese Strukturen als die Grundelemente betrachtet werden können, anhand derer die in sich äußerst vielschichtige Thematik systematisiert werden kann. Denn welche Lebensformen gab es für die Frauen im Mittelalter?

Gedacht waren für die Frau letztlich zwei Lebensformen: die Ehe oder das Kloster. Zu den Eheformen ist dabei zu vermerken, dass es im frühen Mittelalter neben der von den Eltern gestifteten Muntehe, also einer Ehe, bei der die Frau aus der Munt, der Schutzherrschaft der Eltern, in die Munt des Mannes überwechselte, möglicherweise eine Art „Liebesehe" gab. Diese Friedelehe war nicht nur ohne Witwenausstattung und Muntgewalt, sondern auch unverbindlich. Allerdings ist auch zu sagen, dass diese Eheform so selten bezeugt wird, dass letztlich keine genauen Aussagen gemacht werden können. Blickt man nun einmal auf die Muntehe, so lässt schon der Name deutlich werden, dass der Wille der zukünftigen Ehefrau hier wohl keine besondere Rolle spielte. Ohne das Einverständnis der Eltern konnte keine Ehe geschlossen werden, aber welchen Stellenwert hatte das Einverständnis der Braut? Auf den ersten Blick scheinen hier kirchenrechtliche Entwicklungen die Sache der Braut zu vertreten. Im 12./13. Jahrhundert schritt die Entwicklung der Ehe zum Sakrament fort und dieses erforderte eine Eheschließung aus freiem Willen. In sich logisch wird in den kirchenrechtlichen Schriften die Frage behandelt, ob eine Tochter gegen ihren Willen verheiratet werden darf. Die Antwort scheint eindeutig zu sein: Keines Vaters Eid, so das Decretum Gratiani, kann ein Mädchen dazu zwingen, jemanden zu heiraten, den es nicht will. Wird damit aber die Sache der Frau vertreten? Um diese Frage zu beantworten, sollte man bedenken, dass das eigentliche Problem der Konsens war. Ohne einen Konsens aus freiem Willen war die Ehe kein Sakrament. Nicht die Sache der Frau, sondern die Gültigkeit der Ehe war also zentral.

Mag dies jetzt ein eher düsteres Bild erwecken, so sollte man aber auch die zahlreichen Quellen nicht übersehen, die von der Liebe zwischen den Eheleuten ein beredtes Zeugnis geben. Wenn von ehelicher Liebe gesprochen wurde, sprach man von martialis affectus, dilectio socialis, amor mutuus und amicitia coniugalis. Verbundenheit und Zuneigung, emotionale Sehnsucht und Freundschaft standen im Mittelpunkt. Im 12./13. Jh. wurde amicitia, das Ideal der Freundschaft sogar Leitbild der ehelichen Beziehung. Und hier sollte man nicht vergessen, dass amicitia in den mittelalterlichen Ehetraktaten neben Zuneigung stets auch Gleichwertigkeit und Fürsorge impliziert. Und es spricht wohl für sich, wie Petrus Lombardus (+ 1160) in seinen Sentenzen erklärt, warum die Frau aus der Rippe des Mannes geformt wurde. So wurde sie nicht aus dem Kopf oder aus den Fuß des Mannes geschaffen, damit nicht der Eindruck entsteht, sie sei Herrin oder Dienerin des Mannes. Die Frau wurde vielmehr aus der Rippe geformt, damit der Mann erkennt, dass sie seine Gefährtin ist und dass sich ihre Verbindung auf Liebe gründen soll.

Bei aller Vielschichtigkeit im Kontext der Ehe kann letztlich jedoch ein Aspekt als gemeinsames Element festgehalten werden: Vom religiösen Standpunkt aus gesehen, kam dem Kloster zwar ein höherer Stellenwert zu, dennoch war und blieb die Ehe eine anerkannte und angestrebte Institution. Denn dass z.B. die Synoden von Mainz (852) und Tribur (895) Ehelosigkeit als Strafe für Unzucht, Raub oder Mord verhängten, ergibt nur dann einen Sinn, wenn die Ehe einen Wert darstellte.

Betrachtet man nun noch die zweite, die geistliche Lebensform, standen den Frauen mehrere Möglichkeiten offen. Traten sie in ein Kanonissenstift ein, behielten sie u.a. ihr persönliches Eigentum, sie hatten private Mägde und weit weniger strenge Fastenordnungen als andere Einrichtungen. Die rigoroseste Form, das Reklusentum, bestand vom 10.-15./16.Jahrhundert. Bei dieser Form wurde die Frau in eine Zelle eingemauert, die entweder an eine Kirche oder an ein Mönchskloster angebaut war. Nur durch ein kleines Fenster hatte sie Kontakt zur Außenwelt, ansonsten war es ein Leben der Abgeschiedenheit und Einsamkeit. Vor allem in Gallien und bei den Angelsachsen begegnet noch eine besondere Form des geistlichen Lebens: die Doppelklöster, die Klöster für Mönche und Nonnen. Fontrevault, das Kloster des Robert d`Arbrissel (+ 1116/7), das man übrigens heute noch in Frankreich besichtigen kann, hatte sogar einen in gewisser Hinsicht matriarchalischen Charakter. Die Mönche, so wurde betont, sollten den Nonnen bis zum Tod in Gehorsam dienen.

Am bekanntesten ist allgemein aber wohl das Klosterleben als Form des geistlichen Lebens.

Der Beginn der Frauenklöster bzw. ihre Vorläufer waren die Virgines consecratae. Diese gottgeweihten Jungfrauen, die bei ihren Eltern oder Verwandten lebten, erhielten ab dem 4. Jh. einen Schleier und eine einfache Tunika als äußeres Zeichen, ab dem 7. Jh. auch einen Ring. Bereits ab dem 4./5. Jh. begannen diese virgines zusammen zu leben und nach und nach ging dies in die klösterliche Lebensform über. Die davon unabhängigen ersten Klostergründungen erfolgten im 4. Jh. im Zuge der Anstöße durch den Einsiedler und Asketen Pachomius (+ 346). Anzusprechen ist darüber hinaus als eine bedeutende Station in der Entwicklung der Frauenklöster die Gründung des Klosters vor der Stadt Arles durch den dortigen Bischof Caesarius (+ 542). Die Regel dieses Klosters ist nämlich die älteste, bekannteste und richtungsgebendste Nonnenregel des Abendlandes und ihre Inhalte sprechen für sich (PL 87, 273-298). Erwähnen muss man hier nicht nur, dass danach sechs- bis siebenjährige Mädchen aufgenommen werden sollten, sondern v.a. das Kap. XVII der Regel. Dort wurde nämlich betont, dass alle Mädchen und Frauen lesen lernen sollten. Die Mädchen sollten also ausgebildet werden und eine Ausbildung von Mädchen war im weltlichen Leben keineswegs üblich und zumeist auch nicht möglich. Nicht die Geschichte der Frauenklöster an sich und ihre je eigenen Entwicklungen sollen hier aber weiter verfolgt werden. Thematisch ist vielmehr relevant, welche Bedeutung diese Lebensform für die Frauen im Mittelalter hatte.

Die Ordensfrauen, die ja zum Stand der Beter gehörten, erfuhren im Vergleich zu den anderen Frauen höhere Achtung. Aber nicht allen Frauen stand dies offen. Um überhaupt aufgenommen werden zu können, war neben einer Mitgift nämlich v.a. erforderlich, dass das Mädchen/die Frau aus dem Adel oder zumindest aus dem wohlhabenden Bürgertum stammte. Frauen niederer Schichten konnten höchstens als Laienschwestern oder Mägde dienen. Das Adelsprivileg war ein wesentliches Kennzeichen des Benediktinerordens und wenn man bedenkt, dass das Concilium Germanicum 792 die Benediktinerregel zur verbindlichen Regel für alle Frauenklöster erklärt hatte, werden die mit den Frauenklöstern verbundenen Selektionsmechanismen von selbst deutlich. Auf diesem Hintergrund muss man wohl nicht ausführen, welche Bedeutung es hatte, dass die sich im 13. Jh. etablierenden Franziskaner und Dominikaner auch Angehörige niederer Gesellschaftsschichten in großer Zahl aufnahmen. Und dass sich der Dominikaner Vinzenz von Beauvais (+ 1264) in den Kapitels 41 bis 51 seiner Schrift De eruditione filiorum nobilium der allgemeinen Mädchenerziehung und Mädchenbildung zuwandte, spricht in diesem Kontext ebenfalls für sich.

Das Adelsprivileg war jedoch nicht nur ein Selektionsprinzip, an ihm wird auch ersichtlich, dass man nicht nur von freiwilligen Klostereintritten sprechen kann. Da die Mitgift bei einem Klostereintritt geringer war als bei einer Heirat waren die Klöster vielmehr auch häufig Versorgungsanstalten. Trotz allem sollte man aber auch nicht übersehen, welche Funktionen die Orden im geschichtlichen Gesamtprozess hatten. Den Frauen wurden damit schließlich Möglichkeiten eröffnet, die ihnen im weltlichen Leben verschlossen geblieben wären. Dass viele Nonnen schriftstellerisch, wissenschaftlich oder künstlerisch tätig waren, zeigen etwa Hrosvitha von Gandersheim (+um 1000), Herrad von Landsberg (+1195) oder Hildegard von

Bingen (+1179). Letztere, übrigens eine vehemente Verteidigerin des Adelsprivilegs, verfasste nicht nur medizinische und naturwissenschaftliche Werke, sondern nahm auch zu kirchlichen und theologischen Problemen Stellung. Und interessanterweise entwickelte sie zu fast allen der vertretenen Thesen über die Frau eigene Gegenargumente. Hildegard korrigierte die naturphilosophische Annahme, wonach dem Mann die höheren Elemente Feuer und Luft und der Frau die niederen Elemente Erde und Wasser zugewiesen wurden, indem sie die Elemente anders ordnete. Luft und Wasser sind, so Hildegard, die mittleren Elemente und Feuer und Erde die extremen. Und da die mittleren Elemente ihres Erachtens der Frau entsprechen und die extremen dem Mann, könne aus der Elementenlehre nur eines abgeleitet werden: Frau und Mann sind aufeinander verwiesen. Hildegard wandte sich zudem auch der Schöpfungserzählung, der Gottebenbildlichkeitslehre und dem Bild der Eva zu und auch hier korrigierte sie gängige Annahmen. Sie stellte nicht in Frage, dass die Frau aus der Rippe Adams geschaffen wurde, zog aber andere Schlussfolgerungen. Dass der Mann aus dem Ackerboden geschaffen wurde, gibt ihm nach Hildegard nur ein Privileg: das Privileg der Stärke. Dass die Frau aus einem menschlichen Leib geschaffen wurde, verweist jedoch darauf, dass sie von Anfang an aus einer feineren Materie ist als der Mann. Wie aus der Schöpfungserzählung keine Unterordnung der Frau abgeleitet werden kann, so kann dies auch nicht aus der Gottebenbildlichkeitslehre gefolgert werden. Hildegard teilte nicht die Anschauung, allein der Mann sei das Abbild Gottes und die Frau lediglich Abbild des Mannes. Mann und Frau sind für sie in gleicher Weise Abbild Gottes. Der Mann ist das Abbild göttlicher Gerechtigkeit, die Frau ist das Abbild göttlicher Barmherzigkeit. Und wie die göttliche Gerechtigkeit und die göttliche Barmherzigkeit gleichwertig sind, so sind es auch Mann und Frau. Interessant ist darüber hinaus auch Hildegards Interpretation der Figur der sündigenden Eva. Eva wurde nämlich ihres Erachtens nicht nur mehr überlistet als verführt, Hildegard stellte vielmehr noch eine ganz eigene Frage. Was wäre geschehen, wenn Eva nicht gesündigt hätte? Wenn Eva nicht gesündigt hätte, dann wäre die Menschwerdung Gottes nicht geschehen und wir wären, so Hildegard, nicht erlöst worden. Hildegard sprach deshalb in Bezug auf Eva von felix culpa/glücklicher Schuld. Allein dass Hildegard diese These entwickeln konnte, verweist darauf, dass sie gebildet war und dass es ihr ihre Stellung offensichtlich auch erlaubte, so zu denken und dieses Denken auch zu vertreten. Hildegard hatte ja zu ihrer Zeit großen Einfluss und dieser ist v.a. durch ihre Stellung zu erklären: sie war Äbtissin. Und als Leiterin eines Klosters hatte sie ein Amt von kirchlicher und politischer Macht. Da die Klöster in das Herrschaftssystem des Feudalstaates eingegliedert waren, hatten Äbtissinnen eine bedeutende Machtfülle. Sie gehörten dem Reichsfürstenstand an und standen als Lehnsherrinnen gleichberechtigt neben Grafen und Bischöfen. In ihrem Bereich hatten sie die Herrschaftsrechte inne und übten die Gerichtsbarkeit aus. Und interessant ist, dass einzelne Äbtissinnen auch die Sakramente austeilten und die Beichte abnahmen. Von Seiten der Kirche war dies streng verboten und sowohl Papst Gelasius I. (+ 496) als auch Papst Zacharias (+ 752) hatten es als Sünde bezeichnet. Allein dass es trotzdem getan wurde, lässt wohl doch auf ein Selbstbewusstsein dieser Frauen schließen. Auf Selbstbewusstsein verweist auch, dies sei aber um den Rahmen nicht zu sprengen nur noch kurz angesprochen, eine Bewegung, die durchaus als die eigentliche Frauenbewegung des Mittelalters bezeichnet werden kann: die Beginen.

Die Beginenbewegung entstand spontan Ende des 12. Jh. im heutigen Belgien und so ungeklärt ihre Beziehung zu den häretischen Gruppen der Albingenser und Katharer ist, so ungeklärt ist auch die Wurzel ihres Namens. Begine wird teils auf die heilige Begga (+ 692), teils auf den Lütticher Priester Lambert Le Bègue (+ 1177) zurückgeführt oder mit beggen/betteln in Verbindung gebracht. Bei den Beginen, die -wie übrigens auch die 1994 in Köln gegründeten „Beginen e.V."- gemeinschaftlich in einem Beginenhof lebten, wohnten und arbeiteten, ist v.a. interessant, dass sie sich aus allen Ständen rekrutierten. Frauen aller Stände und jeden Alters stand der Eintritt offen. Da die Beginen an keinen Orden angeschlossen waren, ordneten sie sich folglich auch keiner Ordensregel unter und kannten weder Klausur noch hierarchische Herrschaftsstrukturen. Der Austritt war jederzeit möglich, zog allerdings den Verlust des beim Eintritt mitgebrachten Vermögens nach sich. Bezeichnend für die Beginen war darüber hinaus, dass jede Frau berufstätig war, sei es im handwerklichen Gewerbe, in der

Kranken- und Armenpflege, in der Kindererziehung oder im Mädchenunterricht. Die damit verbundene ökonomische Selbstständigkeit war aber nicht die einzige Selbstständigkeit, die die Beginen kennzeichnete. Das, was sie v.a. auszeichnete, war letztlich ihre geistige Unabhängigkeit – eine Unabhängigkeit, die aber zu ihrer Verfolgung führte. Jakob von Vitry (+ 1240) hatte 1218 zwar von Papst Honorius III. (+ 1227) das Placet für die Beginen erworben, dennoch wurden sie vom Konzil von Vienne 1311 verurteilt. Und allgemein bekannt dürften die großen Verfolgungen sein, die z.B. 1317/1319 in Straßburg zur Tötung vieler Beginen führten. Was hatten sich die Beginen zu Schulden kommen lassen? Sie hatten, kurz zusammengefasst, gängige Denkschemata in Frage gestellt. Denn warum wurde am 1. Juli 1310 Marguerite Porète verbrannt? Sie hatte postuliert, jedem sei es möglich, die Vollkommenheit der Seele zu erreichen und eine vollkommene Seele müsse den Vorschriften der Kirche nicht gehorchen. Erklärt dies, warum Marguerite Porète den Zorn der Kirche auf sich zog, so sollte aber doch noch ein anderer ihrer Gedanken erwähnt werden, der für die hier zentrale Thematik mehr als interessant ist. Marguerite Porète postulierte nämlich: Jungfrau und Ehefrau sind keine Alternativen, allein die geistige Haltung entscheidet. Und dies verweist wiederum auf einen mit den Beginen verbundenen bzw. von ihnen zum Ausdruck gebrachten Aspekt, der leider zumeist übersehen wird, obwohl er nicht nur für die Thematik: Frauen im Mittelalter, sondern auch für die allgemeine Genderforschung von großer Relevanz ist.

Die Beginen lehnten das Kloster und die Ehe gleichermaßen ab. Sie waren ehe- und fortpflanzungsfeindlich, aber nicht deshalb, weil sie sich unter das christliche Jungfräulichkeitsideal stellten. Sie waren ja auch keine Nonnen, d.h. sie fühlten sich im Unterschied zu diesen nicht dem Ideal und Gelübde der Keuschheit verpflichtet. Aber auch ohne Keuschheitsgelübde -und gerade dies ist das Interessante- wollten sie Männern sexuell nicht zur Verfügung stehen. Sie lehnten es ab, lediglich unter dem Blickwinkel der sexuellen Verfügbarkeit gesehen zu werden. Kein Keuschheitsgelübde abgelegt zu haben, bedeutete für sie nicht, sexuell zur Verfügung stehen zu müssen. Nur unter der Alternative Jungfrau oder Ehefrau wahrgenommen zu werden, galt letztlich als Fremdbestimmung. Deutlich wird dies an den Schutzbriefen, die sie von Papst Gregor IX. (+1241) und Papst Innozenz IV. (+1254) erhalten hatten. Gregor IX. verfasste 1233 einen Schutzbrief für die religiösen Frauen und interessant ist der Anlass: Die Beginen hatten wegen sexueller Belästigung seitens der Pfarrgeistlichen den Schutz des Papstes gefordert. Innozenz IV. stellte 1246 erneut eine Schutzbulle aus, in der er die Beschlüsse Gregors IX. bekräftigte. Interessant ist nicht nur, dass es Päpste waren, die sich explizit für sexuelle Unverfügbarkeit von Frauen und ihren Schutz vor sexueller Belästigung aussprachen, sondern auch, dass die Beginen etwas vorwegnahmen, was Jahrhunderte später eine der großen Gestalten der Frauenbewegung des 20. Jh. als Grundproblem der Lage und der Sicht der Frau formulierte.

Simone de Beauvoir (+ 1986) legte nämlich in ihrem Werk Das andere Geschlecht (Reinbek 1968) dar, dass die Frau primär unter sexuellem Gesichtspunkt gesehen wird und dass gerade dadurch die Form ihres Verhältnisses zum Mann das Kernelement ihres (Selbst-)Verständnisses wird. „Sie wird bestimmt und unterschieden mit Bezug auf den Mann, dieser aber nicht mit Bezug auf sie; sie ist das Unwesentliche angesichts des Wesentlichen" (ebd., 11). Dass es Fremdbestimmung ist, die Frau von der Sexualität her zu definieren und sie in `Jungfrau oder nicht` zu klassifizieren, war auch eine Erkenntnis der Beginen.

Zeigte sich nun bei der Betrachtung der Strukturen der Reflexion über die Frau, dass die christliche Lebensdeutung eine konstitutive Funktion hatte und dass v.a. Klöster eine nicht zu unterschätzende Bedeutung für die Bildung der Frauen hatten, sollte man aber auch noch einen Schritt weiter gehen und sich die Frage stellen, welche Rolle Orden und Klöster überhaupt im Mittelalter hatten. Sind Orden und Klöster nur Orte der Flucht vor `Frau Welt`? Im folgenden wird neben Orden und Klöstern auch das Rittertum behandelt werden. Da mit dem Rittertum wohl nicht Flucht vor, sondern Hinwendung zu `Frau Welt` verbunden wird, mag dies auf den ersten Blick als unzulässige Zusammenbindung differenter Aspekte erscheinen. Die inneren Vernetzungen werden aber die Darlegung in Form einer Zusammenschau rechtfertigen.

Weiterführende Literatur:

Affeldt, W. (Hrsg.). (1990). Frauen in Spätantike und Frühmittelalter. Lebensbedingungen - Lebensnormen - Lebensformen. Sigmaringen
Allen, P. (1985). The concept of woman. Montreal
Althoff, G./Goetz, H.-W./Schubert, E. (1998). Menschen im Schatten der Kathedrale. Darmstadt
Arnold, K. (1987). Mentalität und Erziehung – Geschlechtsspezifische Arbeitsteilung und Geschlechtersphären als Gegenstand der Sozialisation im Mittelalter. In: Graus, F. (Hrsg.). Mentalitäten im Mittelalter. Sigmaringen. S. 257-288
Barth, S. (1994). Jungfrauenzucht. Literaturwissenschaftliche und pädagogische Studien zur Mädchenerziehungsliteratur zwischen 1200 und 1600. Stuttgart
Bauer, D./Gössmann, E. (Hrsg.). (1987). Eva – Verführerin oder Gottes Meisterwerk? Philosophie- und theologiegeschichtliche Frauenforschung. Stuttgart
Bennewitz, J./Tervooren, H. (Hrsg.). (1999). Manlîchiu wîp, wîplîch man. Zur Konstruktion der Kategorien 'Körper' und 'Geschlecht' in der deutschen Literatur des Mittelalters. Berlin
Bernards, M. (1955). Speculum virginum. Geistigkeit und Seelenleben der Frau im Hochmittelalter. Köln
Dalarun, J. (1987). Erotik und Enthaltsamkeit. Das Kloster des Robert von Arbrissel. Frankfurt/M.
Dallapiazza, M. (1981). Minne, hûsêre und das ehlich leben. Zur Konstitution bürgerlicher Lebensmuster in spätmittelalterlichen und frühhumanistischen Didaktiken. Frankfurt/M.
Duby, G. (1986). Die drei Ordnungen. Das Weltbild des Feudalismus. Frankfurt/M.
Duby, G. (1993). Die Frau ohne Stimme. Liebe und Ehe im Mittelalter. Frankfurt/M.
Duby, G./Perrot, M. (Hrsg.). (1993). Geschichte der Frauen. Bd.2: Mittelalter. Frankfurt/M./New York
Elm, K./Parisse, M. (Hrsg.). (1992). Doppelklöster und andere Formen der Symbiose männlicher und weiblicher Religiosen im Mittelalter. Berlin
Ennen, E. (^{5}1994). Frauen im Mittelalter. München
Epp, V. (1999). Amicitia. Zur Geschichte personaler, sozialer, politischer und geistlicher Beziehungen im frühen Mittelalter. Stuttgart
Eyben, E. (1989). Mann und Frau im frühen Christentum. In: Martin, J./Zoepffel, R. (Hrsg.). Aufgaben, Rollen und Räume von Mann und Frau. Teilband 2. Freiburg/München. S. 565-605
Feichtinger, B. (1995). Apostolae apostolorum. Frauenaskese als Befreiung und Zwang bei Hieronymus. Frankfurt/M.
Fößel, A. (2000). Die Königin im mittelalterlichen Reich. Stuttgart
Fößel, A./Hettinger, A. (2000). Klosterfrauen, Beginen, Ketzerinnen. Religiöse Lebensformen von Frauen im Mittelalter. Idstein
Gerlach, W. (1938). Das Problem des 'weiblichen Samens' in der antiken und mittelalterlichen Medizin. In: Sudhoffs Archiv für Geschichte der Medizin und der Naturwissenschaften (30) 177-193
Gestrich, A./Krause, J.-U./Mitterauer, M. (2003). Geschichte der Familie. Stuttgart
Goetz, H.-W. (1995). Frauen im frühen Mittelalter. Frauenbild und Frauenleben im Frankenreich. Weimar

Goetz, H.-W. (Hrsg.). (1991). Weibliche Lebensgestaltung im frühen Mittelalter. Weimar

Gössmann, E. (1979). Anthropologie und soziale Stellung der Frau nach Summen und Sentenzenkommentaren des 13. Jahrhunderts. In: Zimmermann, A. (Hrsg.): Soziale Ordnungen im Selbstverständnis des Mittelalters. Berlin. S. 281-297

Gössmann, E. (1995). Hildegard von Bingen. Versuche einer Annäherung. München

Grundmann, H. (^{4}1977). Religiöse Bewegungen im Mittelalter. Darmstadt

Hoecke, W. van/Welkenhuysen, A. (Hrsg.). (1981). Love and Marriage in the Twelfth Century. Leuven

Kaffanke, J. (Hrsg.). (2002). „... weil sie mehr liebte". Frauen im frühen Mönchtum. Beuron

Kortüm, H.-H. (1996). Menschen und Mentalitäten. Einführung in Vorstellungswelten des Mittelalters. Berlin

Kuhn A. (Hrsg.). (1983/4). Frauen im Mittelalter. 2 Bde. Düsseldorf

Nitschke, A. (1989). Frauen und Männer im Mittelalter. In: Martin, J./Zoepffel, R. (Hrsg.). Aufgaben, Rollen und Räume von Mann und Frau. Teilband 2. Freiburg/München. S. 677-707

Opitz, C. (1990). Evatöchter und Bräute Christi. Weiblicher Lebenszusammenhang und Frauenkultur im Mittelalter. Weinheim

Opitz, C. (1993). Maria in der Welt. Marienverehrung im Kontext der Sozialgeschichte 10.-18. Jahrhundert. Zürich

Opitz, C. (^{3}1991). Frauenalltag im Mittelalter. Biographien des 13. und 14. Jahrhunderts. Weinheim

Opitz, C. (^{3}1991). Frauenwelten im Mittelalter. Weinheim

Pereira, M. (Hrsg.). (1981). Né Eva né Maria. Condizione femminile e immagine della donna nel Medioevo. Bologna

Pernoud, R. (1991). Leben der Frauen im Hochmittelalter. Pfaffenweiler

Procopius. (1981). Der Gotenkrieg. Essen

Reif, H. (Hrsg.). (1982). Die Familie in der Geschichte. Göttingen

Rummel, M. (1987). Die rechtliche Stellung der Frau im Sachsenspiegellandrecht. Frankfurt/M.

Schnell, R. (2002). Sexualität und Emotionalität in der vormodernen Ehe. Köln/Weimar/Wien

Tacitus, Cornelius. (1997). Germania. Stuttgart

Vogt, K. (1985) Männlichwerden – Aspekte einer urchristlichen Anthropologie. In: Concilium (21) 434-442

Weinmann, U. (1990). Mittelalterliche Frauenbewegungen. Ihre Beziehungen zur Orthodoxie und Häresie. Pfaffenweiler

Zwick, E. (2004). Spiegel der Zeit – Grundkurs Historische Pädagogik I. Antike: Griechenland - Ägypten - Rom - Judentum. Münster

6 Orden, Klöster und das Rittertum:
Zwei Wege oder zwei Seiten eines Weges?

Sich mit dem monastischen Leben im Mittelalter zu beschäftigen, erfordert als erstes, sich von dem zu lösen, was heute damit verbunden wird. Klöster und Orden waren im Mittelalter keine Randerscheinung, Mönche und Nonnen waren keine Außenseiter, sondern in das gesellschaftliche Leben integriert. Genau genommen ist es sogar zu kurz gefasst, davon zu sprechen, dass sie integriert waren. Wie schon erwähnt galt der Stand der Beter als die vollkommenste Lebensform. Und diese Lebensform sah man im Ordensleben konkretisiert. So groß wie das Ansehen, das sie genossen, war auch der Einfluss, den die Klöster und Orden hatten. Da die Religion im Mittelalter kein Teil-, sondern ein konstitutives Strukturelement des Lebens war, erklärt sich von selbst, dass der Einfluss der Klöster und Orden keineswegs auf die religiöse und kirchliche Ebene eingeschränkt war. Es ist nicht zu weit gefasst, davon zu sprechen, dass sie auch das wirtschaftliche, gesellschaftliche und kulturelle Leben und sogar das politische Geschehen in maßgebender Weise prägten. Ermöglicht wurde dies nicht nur durch die geistige Grundhaltung des Mittelalters, sondern auch durch die im Kontext der Rolle der Äbtissinnen soeben thematisierte Einbindung der Klöster in gesellschaftliche Grundstrukturen mittels derer sie herrschaftliche Funktionen hatten. Klöster und Orden waren im Mittelalter ein integrierter und integrierender Bestandteil, aber auch ein Machtfaktor. Rechtfertigt dies alles aber, dass man sich im Rahmen einer historischen Pädagogik damit beschäftigt?

Wie zu Beginn dargelegt, ist es zur Analyse des Sozialisationsprozesses methodisch erforderlich, mit einer Mehrebenenanalyse zu arbeiten. Und ruft man sich die einzelnen Analyseebenen ins Gedächtnis, wird per se verständlich, dass die Betrachtung des monastischen Elements gerade im Mittelalter zur systemorientierten Analyse unerlässlich ist. Zudem sollte man nicht übersehen, dass Klöster und Orden zu dieser Zeit auch Bildungsträger waren und dies sogar in mehrfachem Sinn. Formal waren sie die Institutionen der Bildung, material bestimmten sie weitestgehend die Inhalte der

Bildung. Um dies wiederum verorten zu können, ist es erforderlich, einen kurzen Blick auf ihre Entstehung und ihre Entwicklungen zu richten. Hier ist zunächst einmal festzuhalten, dass die Entstehung des Mönchtums entgegen vielen Alltagsthesen und Mythen weder auf ein singuläres Ereignis noch auf eine singuläre Person zurückgeführt werden kann. Die Entstehung des Mönchtums ist ein multikausales, multilokales und multitemporales Geschehen. Das Mönchtum entstand aus vielen Gründen, an vielen Orten und zu vielen Zeiten. Deshalb können auch nur einzelne signifikante Stationen und Personen genannt werden. Letztere zu Gründern zu stilisieren und mythisch zu überhöhen wäre ahistorisch, man kann es auch antihistorisch nennen. Diese zu historisch adäquatem Arbeiten unerlässlichen Einschränkungen sollte man im folgenden stets bedenken.

Sucht man nun nach den Ursprüngen des abendländischen Mönchtums, findet man diese nicht im europäischen Raum, sondern in Ägypten. Zu nennen ist hier nochmals Pachomius (+ 346), der als Begründer des Koinobitentums angesehen wird. Um 320 gründete er in Oberägypten, genauer gesagt: in Tabennîsi die erste bekannte Mönchsgemeinschaft. Und welche Zugkraft diese Gründung hatte, zeigt sich schon daran, dass noch zu seiner Lebzeit neun weitere Männerklöster und zwei Frauenklöster nach diesem Modell entstanden. Nicht durch die Klostergründungen an sich erlangte Pachomius jedoch geschichtliche Bedeutung, entscheidender war vielmehr ihre innere Strukturierung. In seinen Klöstern standen nämlich das gemeinsame Leben, eine gemäßigt asketische Lebensform und v.a. ein unbedingter Gehorsam aller gegenüber der Regel im Vordergrund. Die nach Pachomius benannte Regel besteht im Grunde nur aus einzelnen Bestimmungen zum äußeren Ablauf des klösterlichen Lebens. Sie ist auch nur in fragmentarischen und zudem voneinander abweichenden Fassungen in koptischer, lateinischer und griechischer Sprache überliefert und wurde wohl auch von mehreren Verfassern in mehreren Schritten erstellt. Aber obwohl ihr die innere Systematik fehlt und obwohl sie Fragen eines geistlichen Lebens ausblendet, wurde sie doch zu einem Urbild der abendländischen Ordensregeln. Strukturbildend wurden für das Mittelalter aber v.a. die ca. 500 bis 530 entstandene Regula Magistri und die davon abhängige Regel Benedikts von Nursia (+ 547).

Um Benedikt, seinen Orden und seine Regel ranken sich viele Mythen. Zu der zwischen 530 und 560 in Rom entstandenen Regel ist anzumerken, dass es fraglich ist, wie viel überhaupt von Benedikt selbst stammt. Immerhin verstarb er ja schon 547 und es existiert kein von ihm selbst verfasstes Manuskript. Auch die so gerne erzählte Geschichte, die Gemeinschaft sei mitsamt der Regel 577 kurz vor der Zerstörung Monte Cassinos durch die Langobarden nach Rom geflüchtet und erst nach dem Wiederaufbau Monte Cassinos sei die Regel wieder dorthin zurückgebracht worden, ist wohl mehr Legende als Wirklichkeit. In Rom gab es nämlich bis zum 10. Jh. keine Gemeinschaft, die der Regula Benedicti folgte. Ein großer Mythos ist zudem die Annahme, das abendländische Mönchtum sei allein das Werk Benedikts und alles Mönchtum beginne mit seinem Orden. Diese in den Annales Ordinis S. Benedicti des Benediktiners Jean Mabillon († 1707) aufgestellte These ist schlichtweg falsch. Die Annales Mabillons waren die erste wissenschaftliche Abhandlung zu den Anfängen des Mönchtums in Westeuropa und vielleicht war dies der Grund, warum die These so gerne und so lange vertreten wurde. Aber auch wenn man sie heute noch in manchen Werken findet: sie ist nicht haltbar. Wie schon erwähnt ist die Entstehung des Mönchtums ein multikausales, multilokales und multitemporäres Geschehen, das nicht auf eine einzige Person zurückgeführt werden kann. Weder Benedikt selbst noch seine Regel waren anfangs von besonderer Bedeutung für ihr Umfeld und vor und neben Benedikt existierten andere Formen des Mönchtums. Dass sich der benediktinische Ansatz beispielsweise gegenüber dem gallischen Mönchtum und dem Rhonemönchtum behaupten und dass ihm strukturierende Funktionen zu eigen werden konnten, kann nicht allein auf Benedikt und seine Regel zurückgeführt werden, es ist vielmehr die Folge historischer Prozesse. Das gallische Mönchtum, das auch unter dem Namen martinisches Mönchtum begegnet, konnte sich letztlich aufgrund seiner Unorganisiertheit nicht etablieren. Dass es zudem entgegen der mit seiner Bezeichnung als martinisches Mönchtum zum Ausdruck gebrachten Verbindung ursächlich nicht auf Martin von Tours (397) zurückgeführt werden kann, sei hier nur am Rande erwähnt. Das Rhonemönchtum, um auch dieses noch kurz anzusprechen, bestand größtenteils aus von den Franken vertriebenen nordgallischen Aristokraten. Und dieses

Mönchtum wirkte sich in einer Hinsicht aus, die angesichts ihrer Folgen nicht unterschätzt werden sollte: es ist letztlich der Ursprung der Entwicklung des abendländischen Klosters zu einem Adelskloster. Nicht alle Facetten der Entwicklung sollen hier aber angesprochen werden, sondern nur wesentliche Schritte. Und hier ist darauf zu verweisen, dass nach dem Concilium Germanicum von 742, allein die Regel Benedikts befolgt werden sollte. Die gleiche Forderung wurde übrigens auch auf der Synode von Les Etiennes im darauf folgenden Jahr erhoben. Diese Tendenz, die Regula Benedicti zu favorisieren, verstärkte sich v.a. im Zuge der Kirchenreform Karls d. Gr. (+ 814). Mit dieser Reform nahm nämlich auch die Vorstellung einer einheitlichen Strukturierung und Observanz aller Reichsklöster immer konkretere Formen an.

Karl d. Gr. war 787 bei seinem Besuch in Monte Cassino auf die Regula Benedicti gestoßen. Dass er den Auftrag gab, diese Regel abzuschreiben, geschah wohl schon mit der Absicht, sie zur Norm für die Klöster im Reich zu erklären. Was Karl d. Gr. plante wurde jedoch erst von seinem Sohn Ludwig d. Frommen (+ 840) konkretisiert. Dieser holte 814 Benedikt von Aniane (+ 821), einen glühenden Verehrer der Regula Benedicti, an seinen Hof und beauftragte ihn, alle Klöster des fränkischen Gebietes nach der Regel Benedikts zu reformieren. Und diesem Benedikt von Aniane ist es auch zuzuschreiben, dass auf den Reformsynoden von Aachen in den Jahren 816 bis 819 die Regula Benedicti endgültig zur Norm für alle Reichsklöster erklärt wurde. Ab diesem Zeitpunkt können Mönchtum und Benediktinertum sachlich berechtigt gleichgesetzt werden. Nun konnte der Benediktinerorden seine gesellschaftliche, kulturelle und wirtschaftliche Bedeutung erlangen. Was war aber das Besondere der Benediktiner und ihrer Regel, dass sie sich letztendlich in dieser Form etablieren konnten?

Benedikt, um 480 in Norcia geboren, hatte 529 in Monte Cassino seinen Orden gegründet. Das Datum und die Gründung des Ordens mögen bekannt erscheinen: mit ihnen wurde der symbolische Beginn des Mittelalters angesetzt. Und dies geschah nicht ohne Grund. Im gleichen Jahr, in dem Benedikt seinen Orden gründete, schloss Kaiser Justinian I. die platonische Akademie in Athen und beide Ereignisse stehen gleichsam symbolisch dafür, dass die antike Tradition durch das Christentum in einer eigenen Weise adaptiert und interpretiert wurde. Nicht dieser Aspekt war jedoch das Entscheidende, warum sich der Benediktinerorden bis ungefähr 1100 als einziger abendländischer Orden etablieren konnte. Entscheidender war vielmehr, dass er nach dem Zusammenbruch des römischen Reiches relevante Positionen einnahm. Die Klöster dieses Ordens wurden zu zentralen Bildungsstätten, wodurch ihnen zunehmend mehr Bedeutung zukam. Zudem trug sicher auch die innere Struktur der Benediktinerklöster zu ihrem Erfolg bei. Neben den Gelübden der Armut, des Gehorsams und der Keuschheit, dem streng hierarchischen Aufbau und der Forderung, in Klausur zu leben, sind hier v.a. das genuin benediktinische ora et labora und die stabilitas loci zu nennen.

Durch die stabilitas loci war jeder Mönch zeitlebens an das Kloster gebunden, in das er gekommen war, sei es auf eigenen Wunsch oder aufgrund der oblatio, der Übergabe durch die Eltern. Damit erlangte das Kloster aber eine innere Stabilität: die Ausbildung, die der Mönch erhalten hatte, kam dem Kloster zugute, solange der Mönch lebte. Auch das spezifisch benediktinische ora et labora/bete und arbeite darf in seiner Gesamtwirkung nicht unterschätzt werden. Ora et labora war gleichsam das strukturierende Prinzip des mönchischen Lebens und bestimmte den gesamten Tagesablauf. Die Zeit für den Schlaf endete schon zwischen 2.00 und 2.30 Uhr mit den Vigilien, dem auch Matutin genannten Nachtoffizium und die Zeit von Sonnenaufgang bis Sonnenuntergang war wiederum durch sieben Gebetszeiten gegliedert. Nach der Laudes zu Tagesanbruch folgte die Prim, das Morgengebet, der in dreistündigem Abstand die Terz, die Sext und die Non folgten. Noch bei Tageslicht fand die Vesper statt, während die Komplet, das Nachtgebet, den Tag zum Abschluss brachte. Zwischen den Gebeten waren Zeiten für das Lesen oder Schreiben zugeteilt oder der Mönch musste die ihm zugeteilte Arbeit verrichten. Die Klöster wurden letztlich aber gerade durch die Aufteilung und Regulierung der Arbeit zu sich selbst erhaltenden Einrichtungen. Dass dies die Autonomie und damit auch den Erfolg der Benediktinerklöster bedingte und förderte, erklärt sich von selbst. Was aber auf keinen Fall übersehen werden sollte, ist, dass die Klöster auch Wirtschaftsunternehmen waren. Sie hatten selbst ausreichend landwirtschaftlichen Besitz und durch die Einbindung der umliegenden Bauern zudem meist mehr als genug Erträge. Dass die Klöster darüber hinaus gerade für die kulturelle Entwicklung eine große Rolle spielten, lag hauptsächlich darin begründet, dass sie Schrift und Schriften bewahrten. Nach dem Zusammenbruch des Weströmischen Reiches war es zu einem Niedergang der Schriftkultur gekommen und allein in den Klöstern wurde letztlich die Schriftlichkeit bewahrt. Mönche und Nonnen übersetzten die Werke der Antike und in ihren Bibliotheken bewahrten sie das Erbe der Antike. Diese Leistung sollte man nicht unterschätzen: Ohne sie wäre auch der bereits mehrfach angesprochene Umbruch des Denkens im 12. Jh. kaum möglich geworden.

Betrachtet man die weitere Entwicklung des Ordenswesens, ist v.a. ein Phänomen interessant: im 11. Jh. wurde nämlich die bis dahin fraglose Dominanz des Benediktinerordens erschüttert. Neue Orden entstanden, teils als Reform des Benediktinerordens, teils als dessen Kritik. Als Reformbemühung sind beispielsweise die Karthäuser und Zisterzienser zu sehen, deren Gemeinsamkeit darin bestand, dass sie in aller Radikalität Askese und Armut forderten. Sie schlossen Sinnliches weit mehr aus als die Benediktiner und dies spricht für sich. Lernen sollte ohne Erfahrung, Denken sollte ohne Anschauung möglich sein. In innerer Schau sollten die gegebenen Wahrheiten erfasst werden. Nicht Reform, sondern Kritik des Benediktinerordens war hingegen das Bestreben der Bettelorden, also der Franziskaner und Dominikaner. Für sie war bezeichnend, dass sie kein Orden im eigentlichen Sinn zu sein gedachten. Sie stellten sich gegen das monastische Ideal, sie lehnten die stabilitas loci ab und sie gaben v.a. das Adelsprivileg auf. Bei den Dominikanern wurde zudem bereits in den ältesten Satzungen, den constitutiones antiquae, allen Mitgliedern ein ständiges Studium auferlegt. Welche geistigen Größen dieser Gemeinschaft zu verdanken sind, wird bei Thomas von Aquin (+ 1274) noch deutlich werden. Wie schon erwähnt, stehen hier aber nicht die Orden und ihre Entwicklungen an sich im Vordergrund. Thematisch relevanter ist vielmehr die Frage, welche Funktionen ihnen zukamen. Und diese erweisen sich nicht nur als umfangreich, sondern auch als konstitutiv für das Gesellschafts- und Kultursystem ihrer Zeit.

Dass Orden und Klöstern eine religiöse Funktion zukam, ist einsichtig. Aber worin bestanden ihre kulturellen und gesellschaftlichen Funktionen? Angesichts dessen, dass es weder Kopiergeräte noch andere Vervielfältigungsmöglichkeiten gab, kann man sich vorstellen, welche Bedeutung die Schreib- und Abschreibtätigkeit der Mönche und Nonnen hatte. Durch sie wurden Werke großer Denker und Gelehrter nicht nur bewahrt, sondern auch verbreitet. Kurzschlüssig wäre es allerdings, die Schreibtätigkeit der Mönche und Nonnen auf ein mehr oder weniger mechanisches Abschreiben zu reduzieren. Betrachtet man einmal mittelalterliche Handschriften, so zeigen gerade die Randbemerkungen der Scriptori/der Schreiber mehr als deutlich, dass sie die Texte reflektierten, kritisierten und ergänzten. Nicht übersehen sollte man v.a. auch, dass die Klöster Orte der Bildung waren. Karl d. Gr. (+ 814) hatte schon 789 in seiner Admonitio generalis bestimmt, dass jedes Kloster eine Schule und Schulbücher besitzen sollte. Unter Schulbüchern, darauf sei kurz verwiesen, verstand man zu dieser Zeit allerdings Handbücher für den Lehrer. Dies war jedoch nicht die einzige Bildungsfunktion der Klöster. Wenn man sich nämlich vor Augen führt, dass die wenigsten Menschen lesen und schreiben konnten, kann man sich vielleicht vorstellen, welche Bedeutung die Predigt für die Unterweisung der Bevölkerung hatte. Die Forderung der Dominikaner, jedes Mitglied ihrer Gemeinschaft müsse sich zeitlebens fortbilden, beruht und verweist eben auch darauf, dass die Bildungsfunktion der Predigt hier bewusst war. Unvollständig wäre der Hinweis auf die Funktionen der Orden jedoch, wenn man die sozialen Aufgaben ausblenden würde. Zu verweisen ist in diesem Kontext nicht nur darauf, dass die Klöster Versorgungsanstalten für nachgeborene Töchter und Söhne waren, sondern auch auf ihre Sozialfürsorge. Krankenpflege oblag den Klöstern ebenso wie die Sorge für Pilger, Arme und Gäste. Ein Gast besonderer Art war sicher der König. Das servitium regis war eine Aufgabe der Klöster: Sie mussten den König aufnehmen und bewirten. Und sie mussten, auch dies war Bestandteil des servitium regis, Kriegsdienst leisten. Mehr eine Zweckentfremdung des Klosters stellte hingegen die meist weniger bekannte sog. Mönchung dar. Diese Zwangseinweisung in ein Kloster war fast immer die Begnadigung vor der Todesstrafe bei hochgestellten Personen.

Die bis jetzt genannten Aspekte zeigten die Bedeutungen auf, die das Mönchtum auf kultureller und gesellschaftlicher Ebene hatte, d.h. sie verweisen auf die Funktionen, die es innerhalb des Systems einnahm. Dass dies aber nicht alle Funktionen sind, sondern dass das Mönchtum auch Funktionen durch und für das System hatte, zeigt der französische Historiker Duby.

Das Abendland des 11. Jh. lebte, so Duby, in Angst. Angst vor der unerklärlichen Natur und ihren Katastrophen, Angst vor dem zu dieser Zeit in Kürze erwarteten Jüngsten Gericht, Angst vor der bevorstehenden Wiederkehr des rächenden Christus. Und „im unendlich weiten Bereich religiöser Furcht und religiösen Schreckens herrschten die Mönche mit uneingeschränkter Gewalt. Eine Gesellschaft, die den Formeln und Gesten derart großen Wert beimaß, die vor dem Unsichtbaren erzitterte, brauchte entsprechende Riten, um ihre Ängste zu verdrängen und Verbindungen zu den übernatürlichen Kräften herzustellen" (Duby, ^{2}1994, 106). Anders gesagt: durch das System: eine Gesellschaft, die vor dem Unsichtbaren erzitterte hatte das Mönchtum auch eine Funktion für das System: es ermöglichte Verbindungen zu übernatürlichen Kräften.

In dem von Duby thematisierten Zeitraum hatten die Mönche sicher diese Funktionen. Es war die Zeit zahlreicher apokalyptischer Endzeitvisionen. Das Ende der Zeit, teils gefürchtet als Gericht, teils ersehnt als Erlösung von der Drangsal der Welt, galt als nahe. Allerdings ist auch darauf zu verweisen, dass diese Funktionen eben Funktionen dieser Zeit sind und nicht für das gesamte Mittelalter verallgemeinert werden können. Greift man nämlich auf den angesprochenen Wandel der Klöster und Orden im 11. und 12. Jh. zurück und ruft man sich den ebenfalls schon thematisierten Gesamtwandel in diesen Jahrhunderten ins Gedächtnis zurück, dann wird von selbst verständlich, warum und in welcher Form sich die Funktionen des Mönchtums durch und für das System geändert haben. Die sich ab dem 12. Jh. zunehmend manifestierende Hinwendung zur Welt kam ja auch im Mönchtum zum Ausdruck. Die Bettelorden lehnten z.B. die Abgeschiedenheit und Abgeschlossenheit der Klostermauern ab, für und in der Welt zu leben war ihr Bestreben. Dieses Leben in der Welt wird üblicherweise aber nicht mit einem Orden verbunden. Religion gilt zumeist als asketische

Flucht aus der Welt. Wenn die Hinwendung zum Diesseits thematisiert wird, dann geschieht dies zumeist in Verbindung mit dem als den ersten Laienstand der Geschichte bezeichneten Stand: dem Rittertum Zeichnen sich aber nicht gerade zwischen dem Religiösen und dem Ritterlichen mehr Gemeinsamkeiten ab als gemeinhin angenommen? Um diese Frage beantworten zu können, ist zuerst einmal zu klären, was unter dem Rittertum zu verstehen ist.

Wer waren die Ritter? Entspricht das, was man sich unter dem Rittertum vorstellt, dem, was es war? Die volkssprachliche Bezeichnung rîter ist erstmals in der 2. Hälfte des 12. Jh. bezeugt. Traten Ritter also in dieser Zeit erstmals auf oder wurde in dieser Zeit eine längere Entwicklung manifest? Dass sich das Rittertum entwickelte, hatte mehrere Gründe und ein Grund waren die politischen Verhältnisse. Durch außerstaatliche Bedrohungen, die Araber waren z.B. seit dem 8. Jh. bis zu den Pyrenäen vorgedrungen, aber auch durch innerstaatliche Fehden war militärische Stärke zunehmend bedeutender geworden. Die Bedrohungen, die Fehden und die Relevanz militärischer Stärke führten im 8./9. Jh. zu einer deutlichen Veränderung der Heeresstruktur. Bis zu dieser Zeit spielte das aus freien Bauern bestehende Fußheer die entscheidende Rolle, ab dieser Zeit stand es im Hintergrund. Betrachtet man in diesem Kontext die in den Jahren 807 und 808 vorgenommene Heeresreform Karls d. Gr. (+ 814) wird erkennbar, wer jetzt die zentrale Position einnahm. Wer drei Hufe besaß, hieß es 807 bzw. vier Hufe nach der Bestimmung von 808, musste am Kriegsdienst teilnehmen. Und wer 12 oder mehr Hufe besaß war sogar zum Tragen einer Brünne/eines Brustpanzers verpflichtet. Im Vordergrund standen jetzt also schwer bewaffnete Reiter. Dass Ritter Reiter bedeutet, ist sicher bekannt und eine der Wurzeln des Rittertums wird jetzt ersichtlich: Die Reiter/ Ritter waren ein privilegierter Kriegerstand. Bedenkt man aber, dass einer Hufe etwa 30 Morgen Ackerland entsprachen und dass ein Pferd zumeist den Wert von ca. fünf bis zehn Ochsen hatte, kann man sich vorstellen, dass nicht jeder Ritter werden konnte. Reichtum, und das bedeutete Grundbesitz, war dazu unabdingbar. Wer hatte aber Grundbesitz? Dies war entweder der Adel oder derjenige, dem der König, ein Adeliger oder ein geistlicher Grundherr ein Lehen verliehen hatte. Das Lehnssystem spielte folglich bei der Entwicklung des Rittertums eine große und nicht zu unterschätzende Rolle. Als Gegenleistung für den Kriegsdienst erhielten die Krieger ein Lehen, meist einen Landbesitz, d.h.: Sie erhielten ein Nutzungsrecht, das sie an den Lehnsherrn binden sollte. Das „sollte" ist hier aber zu betonen. Da Landbesitz nämlich mit politischem Einfluss Hand in Hand ging, stiegen die milites/die berittenen Kämpfer, die Inhaber von Lehen waren, bald von der Unfreiheit militärischer Dienstmänner zu politischer Freiheit auf. Ihre Lehen wurden häufig zum Erblehen und damit zu einem Dauerbesitz. Betrachtet man also die Gesamtentwicklung zum Rittertum, so verlagerte sich das Gewicht immer mehr auf die Inhaber von Lehen. Und bedenkt man, dass die Inhaber von Lehen Vasallen waren, dann wird die ständeübergreifende Tendenz bei der Entwicklung des Rittertums ersichtlich. Bereits im 9. Jh. traten zu den freien Vasallen auch nobiles/Adelige hinzu. Und im 10. Jh. leisteten schließlich nur noch Vasallen den Kriegsdienst.

Wie bereits angesprochen, spielten neben außerstaatlichen Bedrohungen auch innerstaatliche Fehden eine große Rolle bei der Entstehung des Rittertums. Diese innerstaatlichen Fehden führten jedoch nicht nur dazu, dass militärische Stärke immer wichtiger wurde. Interessanterweise waren diese Fehden vielmehr auch einer der Gründe für eine ganz spezifische Entwicklung des Rittertums. Dies klingt zunächst vielleicht verwirrend, ein Blick nach Südfrankreich kann hier aber weiterhelfen.

Im relativ königsfernen Südfrankreich hatten die Fehden rivalisierender Adliger auch die Kirche in Mitleidenschaft gezogen. Diese versuchte daraufhin in der sog. Gottesfriedensbewegung den Adel und die Krieger mit eigenen Mitteln zum Frieden zu bewegen. Und diese Mittel waren nicht nur der bekannte Schwertsegen oder die Krieger-/Reiterweihe, sondern v.a. das Bestreben, den streitenden Parteien eine neue Rolle zu geben. Die Kirche versuchte nämlich, die streitenden Parteien dadurch zur Begrenzung ihrer Fehden zu bewegen, dass sie sie dazu drängte, die Rolle des Schutzes der Kirche und aller Schutzbedürftiger zu übernehmen. Die Synode von Charroux bedrohte beispielsweise 989 alle, die Bauern, ceteri pauperes/übrige Arme oder kirchliche Einrichtungen beraubten und plünderten mit dem Kirchenbann. Viele weitere Synoden schlossen sich dem Friedensgedanken an und immer deutlicher wurde der soziale Auftrag der milites/der Krieger formuliert. Spätestens 1027 in Elnes wurde die treuga dei/ der Gottesfriede in bezeichnender Weise erweitert. Nicht mehr nur Personen und Orte sollten geschützt werden, sondern auch Zeiten. In der Weihnachts- und Osterzeit, aber auch an Pfingsten und von Donnerstagabend bis Montagfrüh sollten keine Waffen mehr getragen werden. Wer den Frieden brach, verlor seinen Besitz und seine rechte Hand, also die Hand, mit der er den Frieden beschworen hatte. Weit mehr als die synodalen Beschlüsse wurde jedoch ein einziger Hilferuf wegweisend für das Rittertum.

Der byzantinische Kaiser Alexios I. Komnenos (+ 1118) hatte 1094 um die Hilfe des Abendlandes gegen die Seldschuken gebeten. Auf der Synode von Clermont hielt Papst Urban II (+ 1099) daraufhin 1095 eine Rede, die allseits bekannte Folgen hatte. Von dieser Rede existieren zwar vier verschiedene Fassungen, ihr Aufbau und ihr Aussagegehalt können aber trotzdem rekonstruiert werden. Urban II. ging von dem Hilferuf des Kaisers von Byzanz aus, er betonte die Bedrohung der Christen im Osten und er legte v.a. den Schwerpunkt nicht auf Byzanz, sondern auf Jerusalem. Das Grab Christi wurde in den Mittelpunkt gestellt, Urban II. sah es bedroht und rief die milites/die Krieger zum Kreuzzug auf. Das Rittertum hatte damit aber im miles christianus nun ein eigenes Ideal gefunden.

Fasst man an dieser Stelle zusammen, wird aus dem bis jetzt Dargelegten deutlich, dass das Rittertum bis zum 12./13. Jh. zwei Schwerpunkte entwickelt hatte. Es hatte, wie die Kreuzzüge verdeutlichen, einen militärischen Schwerpunkt, aber es hatte auch einen kulturellen Schwerpunkt. Letzterer, ein Erbe der Verpflichtungen aus der Gottesfriedensbewegung und der Idealkonzeptionen eines miles christianus, ist wiederum für die hier zentrale Thematik von besonderer Relevanz: Mit ihm sind Aspekte verbunden, die als Anbruch einer neuen Konzeption von Erziehung und Bildung betrachtet werden können.

In diesem Kontext begegnet nämlich ein im 11. Jh. durch das Rittertum geprägter neuer Begriff vorbildlichen Verhaltens: die curialitas. Diese curialitas, im Deutschen mit höveschheit/Höfischkeit umschrieben, implizierte die Fähigkeit, mit jedermann freundlichen Umgang pflegen zu können. Und dies ist durchaus von pädagogischer Relevanz. Erstmals wurden Umgangsformen zu einem pädagogischen Thema. Interessant ist zudem, dass curialitas eine Gruppe von Haltungs- und Verhaltensvorschriften umschrieb, die wiederum das sog. ritterliche Tugendsystem bildeten. Neben geburt und schoene, Abstammung und Leibesschönheit wurde nun die êre relevant. Und diese Ehre bedeutete nicht nur Anstand und Schicklichkeit, sie sollte sich vielmehr auch als staete, als Beherrschung, Gleichgewicht, Treue zum eigenen Werk und zur Pflicht zeigen und als mâze, als Zucht, Mäßigung, Selbstbeherrschung und Bescheidenheit. Dass milte/Hilfsbereitschaft, manheit/Tapferkeit, und reht/Gerechtigkeit ebenso zum ritterlichen Tugendsystem gezählt wurden wie diemüete/Schutzbereitschaft, triuwe/Pflichtbewusstsein, Zuverlässigkeit und hôhe muot/Großgesinntheit, ist sicherlich bekannt. Unter pädagogischer Perspektive betrachtet, stellt sich nun aber wohl die Frage, ob sich diese Aspekte auch im Bildungsweg und in den Bildungsidealen des Rittertums ausprägten.

Die Ritterwürde war niemandem a priori gegeben, sie musste vielmehr mit dem Ritterschlag erworben werden. Konsequenterweise galten Kindheit und Jugend als Vorbereitungszeit, als Zeit der Einübung der ritterlichen Tugenden und Fähigkeiten. Nachdem der Knabe bis zum 7. Lebensjahr von der Mutter, der Amme oder dem Taufpaten in den Anfangsgründen des religiösen Wissens und der gesellschaftlichen Sitten unterrichtet worden war, wurde er, nun ein Page oder Junker, zur weiteren Ausbildung auf die Burg eines angesehenen Ritters gebracht. Und hier zeichnen sich einige Besonderheiten ab, die es erlauben, in der ritterlichen Erziehung neue Aspekte zu sehen.

Betrachtet man zunächst einmal die Struktur, in die der Knabe eingebunden war, so zeichnet sich ab, dass der Gemeinschaft mit Gleichaltrigen offenbar eine große Bedeutung beigemessen wurde. Die Erziehung fand nämlich stets gruppenweise statt. Interessant ist darüber hinaus v.a. auch, worin der Page geschult werden sollte. Im Zentrum stand neben einer als Einübung in das korrekte Verhalten gegenüber Höhergestellten, Gleichrangigen und Untergebenen gedachten Einführung in höfische Anstandsregeln v.a. die Vermittlung der mores curiae, der elegantia morum, der feinen Sitten, d.h. zentral wurde das, was man nach der Mitte des 11. Jh. mit dem neu gebildeten Wort curialitas bezeichnete. Der Identifikation mit Gestalten wie Artus oder Karl, wie sie beispielsweise Thomasin von Zerklaere in seinem 1215/16 am Hof von Aquileia verfassten Werk Der Welsche Gast vertrat, wurde dabei nicht weniger Wert beigemessen als der körperlichen Ertüchtigung und musischen Bildung. Und letztere umfasste, dies ist ebenfalls ein interessanter Aspekt, neben dem Gebrauch der Alltags- und der französischen Sprache auch eine Ausbildung in Gesang und dem Spiel von Instrumenten. Als wie wesentlich diese Aspekte erachtet wurden, zeigt sich wohl daran, dass Petrus Alfonsi (+ 1140) von septem probitates sprach, von sieben Geschicklichkeiten, die jeder angehende Ritter zu erlernen habe. Equitare, natare, sagittare, cestibus certare, aucupare, scacis ludere et versificare, also Reiten, Schwimmen, Pfeilschießen, Fechten, Jagen, Schachspiel und Verskunst sollten, so Petrus Alfonsi, die probitates der Ritter sein. Dass damit neben einer körperlichen Ausbildung auch die geistige thematisiert wurde, wird dann ersichtlich, wenn man bedenkt, dass Honorius Augustinensis (+ um 1157) z.B. das Schachspiel im Lehrplan der Mathematik verortete.

Blickt man an dieser Stelle einmal auf die Erziehung und Bildung in den Klöstern zurück, zeichnen sich durchaus Unterschiede ab und mit dem Rittertum scheinen in der Tat neue Bildungswege entstanden zu sein. Drei neue Komponenten traten letztlich in den Mittelpunkt: körperliche Ertüchtigung, musisch-ästhetische Bildung und gesellschaftliche Fertigkeiten. Dennoch sollte man nicht den Schluss ziehen, Kirche und Rittertum wären getrennte Sphären gewesen. Dieser Schluss wird bereits dann obsolet, wenn man den Abschluss der Ritterausbildung betrachtet. War nämlich der Page mit 14 Jahren zum Knappen geworden und hatte er mit 21 Jahren seine Ausbildung vollends absolviert, erhielt er den sog. Ritterschlag. Dieser ist zwar in Frankreich erst im Laufe des 13. Jh. und in Deutschland sogar ab der 2. Hälfte des 14. Jh. bezeugt, erste Belege findet man jedoch schon um 1200. Und dieser wohl mehr als Schwertumgürtung praktizierte Ritterschlag war deutlich religiös geprägt. Das Fest fand an Pfingsten oder bei Messen zum Hl. Geist statt, die Kirche trug also stets Segen und Gebet bei. Wenngleich aber die das Rittertum prägenden und begleitenden religiösen Komponenten nicht übersehen werden sollten, zeichneten sich insgesamt betrachtet doch eigene Bildungsideale ab. Neben der militärischen Tüchtigkeit ist hier v.a. auf die moralisch-ästhetische Orientierung zu verweisen.

Bisher untergeordnete Bereiche wie musische Bildung und körperliche Ertüchtigung wurden zentral. Und wie der Gedanke der Ritterehre erkennen lässt, war der Wert einer Person nicht mehr an den ihr von Geburt gegebenen Stand gebunden. Weit entscheidender war persönliche Leistung. Konsequenterweise änderten sich auch die Ziele der Erziehung und Bildung. Nicht asketischer Verzicht auf die Welt, sondern ihre Eroberung für das Gute sollten entscheidend sein. Und letzteres zeigte sich in der Erfüllung der ritterlichen Aufgaben. Dazu zählten wiederum nicht nur die Beherrschung der Waffen und der Pferde, der Schutz des Reiches vor den Heiden, sondern auch soziale und karitative Aufgaben. Die Erfüllung des Herren-, Gottes- und des Frauendienstes, so könnte man zusammenfassen, war das Entscheidende. Zwischen dem Herren- und dem Gottesdienst bestand dabei ein enger Zusammenhang. Wie der König als geheiligte Person galt, so wurde Christus als oberster Lehnsherr gesehen. Und das Rittertum galt als ein von Gott befohlener Dienst, um sein Werk auf Erden zu unterstützen.
Blickt man an dieser Stelle einmal zurück, dann können weitreichende Konsequenzen des Rittertums festgehalten werden.
Durch das Rittertum wurde das Adelsprivileg nivelliert. Nicht mehr allein durch die Geburt, sondern durch eigene Leistung gelangte man in diesen Stand. Begrenzt wurde dies übrigens erst ab dem 13. Jh., also zu der Zeit als sich das Rittertum bereits auf dem Weg zum Niedergang befand. Ab dem 13. Jh. war nämlich aus dem Rittertum ein Stand mit erblichem Charakter geworden, d.h. nur mehr Söhne von Rittern konnten Ritter werden. Neben der Nivellierung des Adelsprivilegs sind jedoch noch weitere und v.a. auch weitreichendere Konsequenzen des Rittertums zu nennen. Wie die septem probitates erkennen ließen, wurde Bildung weltzugewandt und bisher weitgehend Unbeachtetes, d.h. der Körper und die Sinne, wurden zentral. Durch den Gottes-. Herren- und Frauendienst wurde wiederum ersichtlich, dass sich der Schwerpunkt ins Diesseits verlagerte. Nicht eine asketische Flucht vor der Welt, sondern die Hinwendung zu ihr stand im Mittelpunkt. Nicht durch Mönchwerden, sondern durch Kampf, Mühe und Anstrengung um Recht und Gerechtigkeit, Ordnung und Frieden in Reich und Welt sollte man zum inneren Frieden gelangen.

Dass das Rittertum Kind seiner Zeit ist, dass es die schon mehrfach als Kennzeichen des 12. Jh. genannte „Entdeckung der Individualität" widerspiegelt, zeigt ein Aspekt, der vielleicht schon vermisst wurde: die Liebe. Und gerade die Liebe bringt wiederum etwas zum Ausdruck, was man auf den ersten Blick nicht erwarten würde: Sie zeigt die innere Vernetzung des weltlichen und des geistigen Bereiches. „Zwei soziale Orte sind es", so betont Dinzelbacher, „wo sich die hochmittelalterliche Entdeckung der Liebe vollzieht: das Kloster und der Hof. Zwei Richtungen nimmt diese Liebe -und wird sie die ganze weitere europäische Geschichte hindurch nehmen-: die der nach der Vereinigung schon im Leben drängenden Christusliebe, und die der irdischen Liebe zwischen den Geschlechtern" (Dinzelbacher, 1993, 81). Auch Rougemont, dies sei noch am Rande erwähnt, betont die prägende Wirkung der sich in dieser Zeit entwickelnden Liebesvorstellung auf den abendländischen Menschen. Nach seiner Untersuchung des Romas „Tristan und Isolde" von Gottfried von Straßburg (+1215) lieben sich Tristan und Isolde nicht. „Was sie lieben, das ist die Liebe, ist das Lieben selbst" (Rougemont, 1966, 50). Und „die Liebe mehr als den Gegenstand der Liebe lieben, die Leidenschaft um ihrer selbst willen lieben, von Augustins amabam amare bis zur modernen Romantik, all das heißt nur das Leiden lieben und suchen. Leidenschaftliche Liebe: Verlangen nach dem, was uns verletzt und uns durch seinen Triumph vernichtet. Das ist ein Geheimnis, das das Abendland niemals hat eingestehen wollen und das es stets von sich gewiesen – und bewahrt hat" (ebd., 60f.). Ob und wie die Vorstellung von Liebe fortgewirkt hat soll hier aber nicht weiter diskutiert werden. Relevant ist vielmehr, dass durch sie die innere Vernetzung des weltlichen und des geistigen Bereiches deutlich wird. Eine genauere Betrachtung der Formen, wie Liebe thematisiert wurde, zeigt nämlich letztlich, dass es sich bei dem geistlichen und weltlichen Bereich nicht um zwei Wege, sondern um zwei Seiten eines Weges handelt.
Festzuhalten ist zunächst, dass die Rede von der Liebe zuerst im Frankreich des 12. Jh. und schließlich ab dem 14. Jh. in Deutschland eine neue gesellschaftliche Bedeutung erhält. Zu dieser Zeit entstand z.B. auch der bekannte Rosenroman des (möglicherweise fiktiven) Guillaume de Lorris (+ 1225/30) und Jean de Meuns (+ 1270/80) und sein Inhalt spricht für sich.

Die Rose ist das Symbol eines begehrenswerten Mädchens, das von einem Liebenden umworben wird. Und dieser Liebende ist ein Kleriker. Der Kleriker als Liebender war in dieser Zeit übrigens durchaus Thema. Auch das zu Beginn des 12. Jh. entstandene Liebeskonzil zu Remiremont, ein Streitgespräch zwischen zwei Parteien eines Nonnenklosters, war dem Kleriker sehr zugeneigt. Der Kleriker wird hier als anmutig und liebenswürdig gepriesen, ihm sei curialitas eigen und in der Liebe habe er Erfahrung. Nicht diese Fragen sollen jedoch weiter verfolgt werden. Wesentlicher ist es, nach dem zu fragen, was „Liebe" zum Ausdruck bringt. Letztlich ist sie nämlich ein Ausdruck der Entdeckung der Individualität.

Um dies zu konkretisieren ist zunächst einmal darauf zu verweisen, dass der heute vertraute Gebrauch der Begriffe Individuum und Individualität mit der mittelalterlichen Begrifflichkeit nicht unbedingt übereinstimmt. Das lateinische Wort individuum wurde nämlich nicht personal gedacht, es bezeichnete vielmehr lediglich das Einzelding schlechthin. Will man sich der Frage der Individualität nähern, ist es deshalb sinnvoll, andere Wege als den einer reinen Begriffsgeschichte zu beschreiten. Man sollte vielmehr zuerst die Frage stellen, was überhaupt Individualität kennzeichnet, wann nicht nur von einem Individuum, sondern von Individualität gesprochen werden kann. Und hier wird wiederum der Gedanke der Selbstreflexivität zentral: Erst das sich seiner selbst bewusst gewordene Individuum hat Individualität, über den affektiven und reflexiven Selbstbezug entfaltet sich seine Subjektivität. Sucht man nun nach Konkretisierungen dieser Struktur, ist es geeignet, danach zu suchen, ob und inwiefern sich diese Struktur des affektiven und reflexiven Selbstbezugs literarisch niederschlug. Und interessanterweise stößt man in diesem Kontext im Mittelalter auf eine eigene Erzählstruktur: die Ich-Erzählung.

Für das frühe Mittelalter war es kennzeichnend, dass die Autoren zumeist anonym blieben. Sich selbst zu nennen galt als eitle Ruhmsucht. Dies änderte sich jedoch im 12. Jh.: die Selbstnennung der Autoren wurde üblich und zwar sowohl im religiös-theologischen als auch im höfischen Bereich. Galt dies aber auch für Werke, die die Liebe thematisieren? Treten hier überhaupt reale Personen auf? Begegnen die Ich-Erzählungen hier nicht vielmehr nur in allegorischer Form, wie es das Beispiel des Rosenromans

vor Augen führte? War sich das Individuum im Mittelalter seiner selbst so bewusst, dass es in Ich-Form schrieb? Interessant ist nun, dass man diese Fragen mit ja und mit nein beantworten muss.
Die allegorische Form war sicher zentral, aber es gibt auch andere Beispiele, sei es z.b. Rudolf von Ems Roman vom Guten Gerhard oder Ulrich von Liechtensteins Frauendienst. Eine genaue Darlegung der beiden Werke würde den hier gegebenen Rahmen sprengen, aber bereits Kartschokes Analyse (2001, 72-74) zeigt das Wesentliche: beide Werke weisen nämlich die Struktur einer biographischen Ich-Erzählung auf. Die beiden Werke können aber nicht nur als Beispiele für den Beginn der Bewusstwerdung von Individualität genannt werden, an ihnen wird vielmehr noch ein weiterer Aspekt ersichtlich. Dadurch, dass die Ich-Erzählung hier einmal im Kontext der bzgl. ihrer Relevanz für die Bewusstwerdung von Individualität schon angesprochenen Beichte und einmal im Kontext der höfischen Liebesdichtung erfolgt, wird nämlich ersichtlich, dass mentalitätsgeschichtlich gesehen die religiöse und die ritterliche Ebene miteinander vernetzt sind.
Ob die Entdeckung der Liebe durch die individuellen Formen der Gottesliebe im 11. Jh. vorbereitet wurde oder ob es sich um analoge Entwicklungen handelt, kann letztlich nicht beantwortet werden und soll deshalb auch hier nicht zur Diskussion stehen. Als entscheidender ist vielmehr anzusehen, dass sich offensichtlich der bereits mehrfach angesprochene Wandel des 12. Jh. in vielfacher Hinsicht konkretisierte. Er betraf, ruft man sich nochmals die zu Beginn dargelegte Differenzierung der Analyseebenen ins Gedächtnis, die subjektorientierte Ebene nicht minder als die beziehungs- und interaktionsorientierte Ebene oder die systemorientierte Ebene. Um nun zu verdeutlichen, dass sich dies auch in denkerischen Konzeptionen ausprägte bzw. um aufzuzeigen, dass sich die das Mittelalter kennzeichnenden Welten einer Zeit in einzelnen Denkern konkretisierten, sollen im folgenden zwei exemplarische Entwürfe genauer vorgestellt werden: Augustinus (+ 430) und Thomas von Aquin (+ 1274).

Weiterführende Literatur:

Berman, C. (1999). The Cisterian Evolution. The Invention of a Religious Order in Twelfth-Century Europe. Philadelphia
Borgolte, M. (^{2}2004). Die mittelalterliche Kirche. München
Borst, A. (Hrsg.). (1976). Das Rittertum im Mittelalter. Darmstadt
Dallapiazza, M. (1981). Minne, hûsêre und das ehlich leben. Zur Konstitution bürgerlicher Lebensmuster in spätmittelalterlichen und frühhumanistischen Didaktiken. Frankfurt/M.
Dinzelbacher, P. (1993). Sexualität/Liebe: Mittelalter. In: Ders. (Hrsg.). Europäische Mentalitätsgeschichte. Hautthemen im Einzeldarstellungen. Stuttgart. S. 70-89
Dinzelbacher, P. (Hrsg.). (1997). Kulturgeschichte der christlichen Orden. Stuttgart
Dinzelbacher, P. (2003). Religiosität und Mentalität des Mittelalters. Klagenfurt
Duby, G. (1986). Die drei Ordnungen. Das Weltbild des Feudalismus. Frankfurt/M.
Duby, G. (^{2}1994). Die Zeit der Kathedralen. Frankfurt/M.
Elm, K. (Hrsg.). (1981). Stellung und Wirksamkeit der Bettelorden in der ständischen Gesellschaft. Berlin
Fink, C. (2003). Das Auge kann hören – das Ohr kann sehen. Zur Geschichte mittelalterlicher Sozialisation und Literalität vor der Erfindung des Buchdrucks 1450. Frankfurt/M.
Fleckenstein, J. (2000). Rittertum und ritterliche Welt. Berlin
Frank, K.S. (^{5}1993). Geschichte des christlichen Mönchtums. Darmstadt
Gleba, G. (2004). Klosterleben im Mittelalter. Darmstadt
Goetz, H.-W. (^{5}1994). Leben im Mittelalter. Vom 7. bis zum 13. Jahrhundert. München
Johnston, W. (Hrsg.). (2000). Encyclopedia of monasticism. Chicago
Kartschoke, D. (2001). Ich-Darstellung in der volkssprachlichen Literatur. In: Dülmen, R.v. (Hrsg.). Entdeckung des Ich. Die Geschichte der Individualisierung vom Mittelalter bis zur Gegenwart. Köln. S. 61-78
König, E. (1992). Die Liebe im Zeichen der Rose. Stuttgart/Zürich
Le Goff, J. (Hrsg.). (1996). Der Mensch des Mittelalters. Frankfurt/M.
Lutterbach, H. (1995). Monachus factus est: die Mönchwerdung im frühen Mittelalter. Münster
Melville, G. (Hrsg.). (2001). In proposito paupertatis: Studien zum Armutsverständnis bei den mittelalterlichen Bettelorden. Münster
Müller, U. (Hrsg.). (1986). Minne ist ein swaerez spil. Neue Untersuchungen zum Minnesang und zur Geschichte der Liebe im Mittelalter. Göppingen
Paravicini, W. (1994). Die ritterlich-höfische Kultur des Mittelalters, München
Prinz, F. (1980). Askese und Kultur. Vor- und frühbenediktinisches Mönchtum an der Wiege Europas. München
Prinz, F. (1989): Mönchtum, Kultur und Gesellschaft. Beiträge zum Mittelalter. München
Rougemont, D. de. (1966). Die Liebe und das Abendland. Köln/Berlin
Schlunk, A./Giersch, R. (2003). Die Ritter. Geschichte-Kultur-Alltagsleben. Darmstadt
Schwaiger, G./Heim, M. (2002). Orden und Klöster. München
Vogüé, A. de (1996). De saint Pachome à Jean Cassien. Études litteraires et doctrinales sur le monachisme égyptien à ses debuts. Rom
Zimmermann, G. (1999). Ordensleben und Lebensstandard. Die cura corporis in den Ordensvorschriften des abendländischen Hochmittelalters. Berlin

7 Denkwelten einer Zeit: Augustinus und Thomas von Aquin

Wie bereits mehrfach deutlich wurde, ist die Rede von *dem* Mittelalter mehr als problematisch. Das Mittelalter als eine Epoche zu bezeichnen, in der eine gottgegebene Ordnung alles Sein und Werden präformierte und determinierte, ist nicht nur zu pauschal, Aussagen dieser Art können vielmehr auch nur dann getroffen werden, wenn Erkenntnisse historischer und philosophischer Forschungen übergangen werden. Wie eine Berücksichtigung dieser Forschungen für jede Beschäftigung mit dem Mittelalter unerlässlich ist, so gilt dies konsequenterweise auch für die Auseinandersetzung mit Augustinus (+430) und Thomas von Aquin (+1274). Gerade die Rezeption und Interpretation des Thomas von Aquin war lange überlagert bzw. vorgedeutet durch vielschichtigste Interessen und Prozesse, erinnert sei nur an die sich ab Mitte des 19. Jh. etablierende streng konservative Richtung der Neuscholastik. Dass man allerdings in der historischen Forschung des 20. Jh. begann, zwischen Thomas von Aquin und Thomismus zu unterscheiden, spricht für sich: man fragte nach dem, was Thomas von Aquin selbst dachte und schrieb, man begann zwischen Original und Interpretation zu unterscheiden. Und gerade dies ist unerlässlich, will man nicht in die Fallstricke vorschneller Be- bzw. Verurteilungen geraten.

Eine etwas vorschnelle Beurteilung liegt auch der soeben genannten These zugrunde, das Mittelalter sei eine Epoche, in der eine gottgegebene Ordnung alles Sein und Werden präformierte und determinierte. Diese Deutung kann zwar vertreten werden und es soll und kann auch nicht bestritten werden, dass sich dafür sachliche Begründungen finden lassen. Entscheidend ist aber die Frage, worauf diese Begründungen beruhen. Und hier ist eben das Entscheidende, dass sie letztlich nur auf *einer* Strömung des Mittelalters beruhen. Anders gesagt: Das Mittelalter kann nur dann in der genannten Weise gedeutet werden, wenn man lediglich eine aus einer spezifischen Deutung des Augustinus erwachsene Strömung betrachtet. Diese war aber eben *eine* Strömung *einer* Zeit und nicht das gesamte Mittelalter. Dass sie *eine* Strömung *einer* Zeit war, ist ihre Grenze und begründet doch zugleich ihre Bedeutung. Augustinus war schließlich bis zum 12. Jh. eine große, man kann sogar sagen: er war *die* Autorität. Seine große Autorität und dass er auch noch weit über das 12. Jh. hinaus wirkte, machen es unabdingbar, sich genauer mit ihm zu beschäftigen.

Aurelius Augustinus wurde am 13. November 354 in Thagaste geboren, einer kleinen Stadt der römischen Provinz Numidien in Nordafrika, dem heutigen Souk in Algerien. Sein Vater Patricius (+ um 371), ein kleiner Grundbesitzer und bekennender Anhänger des römischen Götterglaubens, wurde auf Drängen seiner Frau Monica Katechumene/Taufbewerber und ließ sich schließlich auf dem Sterbebett taufen. Monica (+ 387) war offensichtlich eine eifrige Christin und es ist nicht zu scharf formuliert, wenn man sie als das große Problem ihres Sohnes Augustinus bezeichnet. Sie war nicht nur maßgeblich an seiner Bekehrung zum Christentum beteiligt, sondern erreichte auch, dass er sich von seiner langjährigen Gefährtin trennte. Über Herkunft und Namen der Gefährtin gibt es keine gesicherten Kenntnisse, bekannt ist nur, dass Augustinus 15 Jahre mit ihr in einem Konkubinat lebte und dass sie ihm 372 einen Sohn gebar. Adeodatus, so der Name des gemeinsamen Sohnes, verstarb jedoch schon im Alter von 17 Jahren. Augustinus selbst studierte nach dem Besuch der Elementar- und Grammatikschule in Karthago Rhetorik und nach seinen eigenen Angaben in den Confessiones war es eines der Bücher seiner Studienlektüre, das sein Leben völlig änderte. Im Zuge der Lektüre des Hortensius, eines seit dem Mittelalter verlorenen Dialogs Ciceros (+ 43 v.Chr.), entwickelte Augustinus die Frage, die zur Leitfrage seines Denkens und Werkes wurde: Was ist Wahrheit? Nicht alle Stationen seines Lebens sollen hier nachgezeichnet werden. Um vielmehr bezeichnende Schritte aufzuzeigen, sei darauf verwiesen, dass ihn die Suche nach Wahrheit zunächst zum Manichäismus führte, einer von dem Perser Mani (+ 276) begründeten spezifischen Form der Gnosis. Wenngleich sich Augustinus später wieder von dieser Weltanschauung löste, prägte sich deren Hauptcharakteristikum, ein strikter Dualismus zwischen Licht und Finsternis, zwischen Seele und Körper dennoch in seinem Denken deutlich aus. Auf Empfehlung des römischen Stadtpräfekten Symmachus (+ um 402) kam Augustinus schließlich 384 als Rhetor nach Mailand. Und in der damaligen kaiserlichen Residenzstadt des weströmischen Reiches gewann der dortige Bischof Ambrosius (+ 397) großen Einfluss auf ihn. Ambrosius allein wäre es wohl nicht gelungen, Augustinus zum Christentum zu bekehren, dazu trugen vielmehr noch zwei weitere Begebenheiten bei. Zum einen war ihm Mutter Monica nachgereist und hier in Mailand gelang es ihr schließlich, ihren Sohn zur Trennung von seiner Gefährtin zu bewegen. Zum anderen stieß Augustinus, wie er selbst wiederholt betonte, auf Schriften Platons. Dazu ist allerdings zu bemerken, dass er sich hier irrte. In Wirklichkeit las er keine platonischen Schriften, sondern neuplatonische, genauer gesagt: er las einzelne von Marius Victorinus (+ 362) ins Lateinische übersetzte Schriften von Plotin (+ 270) und Porphyrius (+ 305). Was nun der letzte Anlass zu seiner Bekehrung zum Christentum war, kann nicht entschieden werden. Ob es das im Jahr 386 stattgefundene Gespräch mit Simplicianus (+ 400) war, bei dem ihm dieser spätere Nachfolger des Ambrosius erzählte, Marius Victorinus habe über den Platonismus zum Christentum gefunden, ob es die Geschichte des Eremiten und Asketen Antonius (+ um 356) war, die man ihm erzählt hatte oder ob es die Begegnung mit den Briefen des Apostels Paulus war, ist letztlich auch nicht entscheidend. Im April 387 wurde Augustinus schließlich von Ambrosius in Mailand getauft. Später kehrte er in seine Heimat zurück und wurde dort 396 Bischof von Hippo Regius, der neben Karthago bedeutendsten Stadt in Nordafrika. Dort verstarb er am 28. August 430 während der Belagerung der Stadt durch die Vandalen.

Schon diese Stationen seines Lebens zeigen, dass Augustinus als ein Mensch gesehen werden kann, der auf der Suche war. Die Suche nach der Wahrheit prägte sein Leben und sein Leben prägte sein Glauben und Denken. Weder seine denkerische Entwicklung noch seine theologischen Ansätze an sich sollen im folgenden aber im Vordergrund stehen. Relevanter ist es vielmehr, nach den Strukturen und Aussagen zu fragen, die zu Grundelementen des Welt- und Menschenbildes der folgenden Zeit wurden.

„Inquietum est cor nostrum, donec requiescat in te/unruhig ist unser Herz, bis es ruht in Dir". Diese bekannten Worte aus seinen Confessiones/Bekenntnisse sind nicht nur Motto seines Lebens und Denkens, sie verdeutlichen zugleich auch seine geistigen Grundlagen. In den Confessiones, dem Werk, in dem Augustinus sein Leben unter christlichem Blickpunkt reflektiert, geht es ihm um Selbsterkenntnis. Was ist aber für Augustinus

Selbsterkenntnis? Dass er sein Leben hier unter christlichem Blickpunkt reflektiert, verweist bereits darauf, wie er Selbsterkenntnis versteht: Selbsterkenntnis schließt für ihn eine völlige Hinwendung zu Gott unabdingbar mit ein. Was der Mensch ist, so Augustinus, erfährt er nur durch die Wahrheit. Und diese Wahrheit ist der christliche Gott. In sich logisch schließt sich hier gleich die zweite Frage an: wie versteht Augustinus „christlich", was ist für ihn das „Christliche"? Zur Beantwortung dieser Frage muss man sich sein Leben in Erinnerung rufen. Augustinus schrieb ja in seinen Confessiones, er habe nach der Lektüre der Platonicorum libri/der platonischen Bücher begonnen, Gott zu suchen und er sehe in diesen Büchern viele Ähnlichkeiten zum Christentum. Gerade hier zeigt aber das soeben schon angesprochene Problem seine Folgen. Augustinus selbst konnte kaum, man könnte auch sagen: kein Griechisch und er kannte die von ihm als Platonicorum libri bezeichneten Bücher nur in der Übersetzung des Marius Victorinus. Marius Victorinus hatte jedoch -wie schon erwähnt- nicht Platon übersetzt, sondern Bücher des Neuplatonismus, nämlich Plotin und Porphyrius. Auf diesem Hintergrund wird letztlich nachvollziehbar, dass Augustinus ein eigenes Verständnis von Christentum entwickelte. Wenngleich dieses Christentum platonische Züge hat, muss man sich aber doch vor Augen halten, dass es ein sehr einseitig rezipierter Platon ist.

Augustinus suchte nach dem, was bleibt, d.h. nach dem, was sich nicht verändert. Nur das Bleibende, das keinem Werden und Vergehen Unterworfene ist für ihn das eigentlich Wirkliche. Und diese eigentliche Realität haben seines Erachtens nur die rationes aeternae, die Ideen. Hier ist jedoch entscheidend, dass Augustinus ein eigenes Verständnis dieser Ideen hat. Sie sind nämlich für ihn die im göttlichen Verstand vorgedachten Urbilder, die schon bevor die Geschöpfe von Gott geschaffen wurden, als Ideen im göttlichen Verstand bestanden. Die Ideen sind die Vor- und Urbilder aller Dinge und damit sind weitreichende Folgen verbunden.

„Gott bist Du", schreibt Augustinus in seinen Confessiones (I,6), „und Herr über Deine Schöpfung. In dir ist der Urbeginn aller vergänglichen Dinge, und in Dir bleibt unvergänglich unveränderlich beruhen der Ursprung aller veränderlichen Dinge; in Dir auch leben die ewigwährenden Normen aller Dinge". Dass damit eine ewige Seins- und Wertordnung begründet wird, liegt auf der Hand. Und mit dieser ewigen Seins- und Wertordnung sind Konsequenzen verbunden, die teilweise noch heute Aktualität haben. Bekannt ist sicher, dass Johannes Paul II. (+ 2005) endgültig den Konflikt zwischen Darwin (+ 1882) und dem christlichem Schöpfungsglauben beilegte. Nicht der Konflikt an sich ist hier interessant, sondern das Verständnis von Schöpfung, das dem Konflikt zugrunde lag. Es kann nämlich nur dann keine Entwicklung von Arten geben, wenn alles nach den im göttlichen Verstand vorgedachten Urbildern geschaffen wurde. Diese Urbilder mit Entwicklung zu verbinden, ist nach Augustinus per se ausgeschlossen. Ob auch heutige Bestrebungen einiger amerikanischer Bundesstaaten, Darwins Lehre aus den Schulbüchern zu entfernen auf einer Verknüpfung dieses Schöpfungsverständnisses mit naivem Biblizismus beruhen, sei hier nur als Frage dahingestellt. Dass es keine Entwicklung von Arten geben kann, ist nur eine der Konsequenzen der augustinischen Konzeption. Nicht minder relevant ist das damit verbundene Verständnis menschlicher Entwicklung. Dass die Dinge bevor sie geschaffen wurden, schon im göttlichen Verstand gegeben waren, gilt auch für den Menschen. Sein Werden, seine Entwicklung ist damit aber nur als Annäherung an das ewige Urbild denkbar. Individuelles Werden ist kein einzigartiges Geschehen, sondern lediglich eine Darstellung typologischer Vorgaben. Ruft man sich an dieser Stelle das bereits thematisierte puer-senex-Ideal ins Gedächtnis, werden die Folgen dieses Denkansatzes wohl deutlich. Entwicklung ist hier letztlich lediglich eine Hinwendung zu und Annäherung an die Urbilder, alles Werden ist nur eine Annäherung an das unvergängliche Wesen. Allein diesem, dem von Gott vorgedachten Urbild, kommt Wahrheit und Wirklichkeit zu. Wenn aber nur das Unvergängliche das Wahre und Wirkliche ist, was ist dann das Vergängliche? Was ist das konkret Gegebene, also das, was wird und wieder vergeht? Es ist, und dies ist auf dem Hintergrund Augustins in sich logisch, „quasi nihil"/so gut wie nichts. Ebenso in sich logisch ist, dass aus dem bis jetzt Dargelegten eine Zwei-Welten-Lehre entsteht. Das unvergänglich-unveränderbare Ewige und das vergänglich-veränderbare Zeitliche stehen sich ebenso gegenüber wie Gott und Welt, wie das Jenseits und das Diesseits und wie Seele und Leib. Nicht die theologisch-philosophische Konzeption des Augustinus soll aber diskutiert werden, sondern ihre Implikationen für die hier zentrale Thematik. Angesichts dessen sind v.a. zwei Aspekte genauer zu betrachten: die Anthropologie und Erkenntnislehre des Augustinus.

Wie schon erwähnt erfand Augustinus letztlich im Zuge seiner falschen Übersetzung des Römerbriefes (5,12) die Erbsünde. Dies ist jedoch nur eine Komponente seiner Anthropologie. Zu ihr tritt, was wiederum sowohl aufgrund der Sexualisierung der Erbsünde als auch aufgrund der Zwei-Welten-Lehre letztlich konsequent ist, die Dualität von Körper und Seele. Und nicht nur die Dualität an sich ist dabei problematisch, sondern v.a. auch die damit verbundenen Wertungen. Da die Seele nach Augustinus Anteil hat an der absoluten Wahrheit, an der Ewigkeit, ist sie mit Gott verbunden und v.a. ist sie etwas Besseres als der Leib. Die mit dem Körper verbundene Welt der Erfahrung und Sinnlichkeit hingegen ist, wenn nicht sogar negativ, so doch zumindest überflüssig. „Noli foras ire, in te ipsum redi" betont Augustinus in De vera religione (39,72) und skizziert damit die Grundstrukturen seiner als Illuminationslehre bezeichneten Auffassung von Erkenntnis.

Augustinus suchte die absolute Wahrheit und diese Wahrheit glaubte er nicht durch sinnliche Erfahrungen finden zu können. Gott selbst muss vielmehr den Verstand erleuchten. Will der Mensch Wahrheit erlangen, muss ihn Gott durch einen Gnadenakt erleuchten. Erkenntnis geschieht nicht durch Worte und Begriffe: „Wenn Worte verlauten, wissen wir entweder, was sie bedeuten, oder wir wissen es nicht. Sofern wir es wissen, beruht das eher auf Erinnerung als auf empfangener Belehrung" heißt es in De magistro (XI, 36). In sich logisch sind die Konsequenzen, die Augustinus in dieser Schrift hinsichtlich des menschlichen Lehrens und Lernens entwickelt.

Kann Wahrheit überhaupt gelehrt werden? Kann die Erkenntnis von Wahrheit durch Sprache vermittelt werden? Diese Fragen sind für Augustinus die zentralen Fragen. Und er gibt auf diese Fragen eine klare Antwort: durch die Worte der Menschen kann nichts gelernt werden. Worte sind höchstens ein Anstoß für den inneren Vorgang des Erkennens und Denkens. Sie sind lediglich ein Anstoß, sich das bewusst zu machen, was in der memoria/der Erinnerung schon gegeben ist. Und das, was nach Augustinus in der memoria gegeben ist, ist die Idee. Konsequenterweise gibt es für Augustinus keine Belehrung, keinen Lehrer und keine Lehre. Der einzige Lehrer, der mit der Wahrheit in Gott vermitteln kann, ist Christus. Bildung ist folglich nach Augustinus allein Gottes Werk. Der Mensch ist kein sich selbst bildendes Wesen, er ist vielmehr ein Nach-Denker. Wahre Bildung ist nach Augustinus die Erinnerung göttlicher Wahrheit.

Auf diesem Hintergrund wird verständlich, warum im pädagogischen Diskurs zumeist betont wird, der neuzeitliche Bildungsbegriff stehe dem Mittelalter diametral gegenüber. Der sich durch handelnde Selbstgestaltung selbst schaffende Mensch ist in der Tat ein Ansatz, der mit der Konzeption des Augustinus unvereinbar ist. Dennoch ist hier die schon mehrfach genannte Kritik am Umgang mit dem Mittelalter zu wiederholen. Augustinus war unbestritten und unbestreitbar eine große und weit über das 12. Jahrhundert hinaus wirkende Autorität, aber er ist nicht *das* Mittelalter. Das Mittelalter ist eine von innerer Vielschichtigkeit geprägte Epoche und neben Augustinus stehen andere Denker, die die gängige Epochenzäsur zwischen Mittelalter und Neuzeit mehr als fraglich werden lassen. Dies lässt sich exemplarisch besonders an Thomas von Aquin (+ 1274) verdeutlichen. Außer Frage steht, dass Thomas von Aquin wie auch Augustinus Vor- und Mitdenker hatten. Die Konzentration auf diese Ansätze bedeutet also nicht, dass die Leistungen anderer Denker dieser Zeit bewusst ausgeblendet werden. Augustinus und Thomas von Aquin waren aber die prägendsten Gestalten ihrer Zeit und die Wirkungsgeschichte ihrer Ansätze ist bis heute ungebrochen. Allerdings sollte man dabei auch bedenken, dass Thomas von Aquin in vielfacher Hinsicht neu entdeckt werden muss. Auf die bereits erwähnte Erkenntnis, dass zwischen dem, was Thomas selbst dachte und schrieb und dem, was lediglich (neuscholastische) Interpretation ist, zu unterscheiden ist, verweist beispielsweise auch Umberto Eco. So schreibt Eco in seinem Werk: Auf dem Weg zu einem neuen Mittelalter (München 1989) über Thomas von Aquin: „Das Schlimmste, was ihm in seiner Karriere passierte, geschah nicht am 7. März 1274, als er mit kaum neunundvierzig Jahren im Kloster Fossanova starb und die Mönche seinen mächtigen Körper nicht die enge Treppe hinunterbekamen .... Das Schlimmste, was Thomas von Aquin passierte, geschah anno 1323, ... als er von Papst

Johannes XXII heilig gesprochen wurde. Dergleichen sind Schicksalsschläge, die einen das ganze Lebenswerk ruinieren können" (ebd., 106f.). Und Eco stellt auch die Frage, was Thomas heute machen würde. Man weiß nicht, so Eco, „ob Thomas von Aquin noch gläubig wäre. Aber nehmen wir es als gegeben. Sicher würde er aber an seinen Jubelfeiern nur teilnehmen, um daran zu erinnern, daß es nicht darum geht, wie man heute noch anwendet, was er damals gedacht hat, sondern anders zu denken. Oder höchstens von ihm zu lernen, wie man es anstellt, sauber zu denken, als Mensch in seiner Zeit" (ebd., 125). Anders zu denken – damit charakterisiert Eco prägnant Thomas von Aquin. Thomas dachte anders und dieses andere Denken ist nicht nur Wegbereitung der Neuzeit, sondern vielmehr ihr Beginn. Wer war aber Thomas von Aquin, der das geistige Gesicht des Abendlandes so nachhaltig veränderte?

Thomas wurde Ende 1224 oder Anfang 1225 auf dem zwischen Rom und Neapel liegenden Schloss Roccasecca bei Aquino geboren. Seine Mutter Theodora, eine neapolitanische Adelige war normannischer Herkunft, sein Vater Landulf gehörte dem Landadel an und verwaltete Besitzungen in der nordwestlichsten Provinz des Königreichs Sizilien. Thomas wurde mit fünf oder sechs Jahren als Oblate nach Monte Cassino gebracht. Sein Onkel war dort Abt und man hoffte wohl, Thomas würde einmal selbst Abt werden. Diese Praxis der oblatio wird Thomas später übrigens mit dem Hinweis, sie widerspräche der Entwicklung des Kindes, deutlich kritisieren. Aufgrund der beginnenden Kämpfe zwischen Papst und Kaiser musste Thomas allerdings 1239 Monte Cassino verlassen. Er kam nach Neapel und hier traten zwei sein weiteres Leben entscheidend beeinflussende Ereignisse ein. Thomas begann an der dortigen Universität das studium generale und er begegnete in Neapel zudem dem Dominikanerorden. Dass Thomas an der Universität von Neapel studierte, ist relevanter als es vielleicht auf den ersten Blick erscheint. Friedrich II. (+ 1250) hatte nämlich 1224 diese Universität als Pendant zum päpstlichen Bologna gegründet. Die Universität von Neapel war also eine kaiserliche Universität und gerade dies ist das Entscheidende. Wie schon erwähnt hatten verschiedene Prozesse zur Folge gehabt, dass Aristoteles als nicht mit dem christlichen Glauben vereinbar angesehen wurde und dies hatte sogar dazu geführt, dass es den Universitäten verboten worden war, Aristoteles zu lehren. An einer kaiserlichen Universität hatten jedoch diese päpstlichen Verbote keine Gültigkeit und das bedeutete für Thomas, dass er den Schriften des Aristoteles begegnen und sich mit ihnen auseinandersetzen konnte. Nicht minder bedeutend wurde für Thomas darüber hinaus, dass er in Neapel auch dem Dominikanerorden begegnete. Beeindruckt von der Selbstverpflichtung auf die evangelische Armut und dem seelsorglichen Ethos trat Thomas 1244 in diesen Orden ein. Für seine adelige Familie war dieser Schritt jedoch inakzeptabel. Wie heftig der Widerstand seiner Familie war, zeigt sich daran, dass Thomas von seinen eigenen Brüdern entführt und unter Hausarrest gestellt wurde. Nach einem guten Jahr gab seine Familie allerdings ihren Widerstand auf und Thomas konnte 1245 nach Neapel zurückkehren. Noch im Herbst des gleichen Jahres kam er nach Paris und setzte dort höchstwahrscheinlich bis 1248 seine Studien fort. Ab Herbst 1248 vertiefte Thomas in Köln bei Albertus Magnus (+ 1280) seine Studien der aristotelischen Schriften. Albertus Magnus war von seinem Schüler und Freund offensichtlich sehr beeindruckt. Als 1251 oder 1252 Albertus um einen Kandidaten angefragt wurde, der in Paris lehren könne, schlug er Thomas vor. Da Thomas erst 27 Jahre alt war, also zwei Jahre zu jung für diese Tätigkeit, zögerte man zwar in Paris zuerst, gab dann aber Alberts Drängen nach. Thomas lehrte in den folgenden Jahren allerdings nicht nur in Paris, sondern auch in Neapel, Orvieto, Rom und Viterbo. Auch sollte man nicht übersehen, dass er zeitweise an der päpstlichen Kurie arbeitete und zudem theologischer Gutachter der Päpste war. Durch seine Lehrtätigkeit, aber auch durch seine Schriften war Thomas offensichtlich schon zu Lebzeiten bekannt. Er wurde geschätzt, aber auch angegriffen. Und man kann durchaus die Frage stellen, ob nicht einer der Gründe für die Kontroversen um Thomas von Aquin - damals wie heute- im Umfang seines Werkes liegt. Der immense Umfang seines Werkes -laut EDV-Information besteht es aus 8 767 654 Wörtern- verleitet vielleicht schnell dazu, den Zeitpunkt der Entstehung der einzelnen Werke auszublenden, obwohl gerade dies unerlässlich ist, um Thomas von Aquin verstehen zu können. Wie sehr Thomas die Gemüter bewegte, wird schon daran deutlich, dass bereits kurz nach seinem Tod am 7. März 1274 die Auseinandersetzungen zwischen seinen Befürwortern und seinen Gegnern begannen. Einzelne Aussagen seiner Lehre wurden beispielsweise 1277 verurteilt. Albertus Magnus reiste daraufhin nach Rom, um seinen ehemaligen Schüler zu verteidigen, der auch bald rehabilitiert und am 18. Juli 1323 von Johannes XXII. (+1334) heiliggesprochen wurde. Hier stellt sich nun sicher die Frage, warum die Lehre des Thomas von Aquin derart die Gemüter bewegte. Was ist das Besondere an diesem „stummen Ochsen", wie ihn seine Mitstudenten aufgrund seiner behäbigen und schweigsamen Art nannten? Was ist das Besondere an ihm, dass Albertus Magnus über ihn sagte: „Ihr nennt ihn den `stummen Ochsen`, ich aber sage euch, das Brüllen dieses `stummen Ochsen` wird so laut werden, dass es die ganze Welt erfüllt" (Chesterton, ²1957, 73).

Um Thomas von Aquin zu verorten, sollte man sich nochmals vor Augen führen, in welcher Zeit er lebte. Wie schon mehrfach angesprochen, kann man die Zeit des 11. und 12. Jh. als eine Zeit des Wandels bezeichnen. Auf politischer, ökonomischer und sozialer Ebene traten nicht minder Veränderungen auf als im Hinblick auf die Sicht des Menschen und seiner Welt. Ruft man sich den Universalienstreit in Erinnerung, dann wird zudem deutlich, dass man begann anders zu denken. Das Verhältnis von Wirklichkeit und Denken wurde neu gedacht. Die Grundfrage des Mittelalters, die Frage nach dem Verhältnis von ratio und fides/Vernunft und Glauben blieb zwar erhalten, im Zuge der Begegnung mit dem Gesamtwerk des Aristoteles musste sie aber anders beantwortet werden. In diesem Kontext wurde die Bedeutung der Scholastik bereits hervorgehoben. Und einer ihrer größten Denker war Thomas von Aquin. In dem hier gegebenen Rahmen können zwar nur thematisch relevante Einzelaspekte seines Werkes behandelt werden. Aber allein seine Wege, die Eigenständigkeit und Eigenwertigkeit der Welt und die Autonomie der Vernunft und des Gewissens des einzelnen Menschen zu begründen, erlauben es, ihn ob der Brillanz seiner intellektuellen Schärfe und Klarheit als einen der größten Denker der abendländischen Geschichte zu bezeichnen.

Aufgrund der Rezeption des Aristoteles nahm Thomas von Aquin der Welt ihr Stigma der Minderwertigkeit und Vergänglichkeit. Bei Augustinus hatte in Folge seiner Zwei-Welten-Lehre die Absolutheit Gottes als notwendige Konsequenz die Nichtigkeit der Welt nach sich gezogen. Thomas deutete hingegen das Verhältnis von Gott und Welt in einer neuen Weise. „Detrahere ergo perfectioni creaturarum est detrahere perfectioni divinae virtutis" (CG III, 68): Die Vollkommenheit des Geschaffenen zu mindern bedeutet, die Vollkommenheit Gottes zu mindern. Gerade weil die Welt Schöpfung Gottes ist, ist sie selbstständig, eigenwertig und gut. Thomas von Aquin säkularisierte die Welt und gab ihr gerade dadurch ihre Würde und Bedeutung. Und er säkularisierte die Welt, indem er Gott neu dachte. „Deus non est in genere" (S.th. I 3,5), Gott ist nicht Teil der Welt, er ist nicht in der Welt. Wenn ich sage, etwas „ist" etwas, wenn ich z. B. sage, das ist ein Tier und keine Pflanze, dann stelle ich fest, dass das, worüber ich sage, es ist ein Tier und keine Pflanze, die Merkmale hat, die wesentlich notwendig sind, damit etwas ein Tier und keine Pflanze ist. Ich fälle also ein Urteil über das Wesen. Über Gott hingegen, so Thomas, kann der Mensch kein Urteil fällen. Der Mensch kann zwar sagen, dass Gott ist, aber er kann nicht sagen, was Gott ist, er kann über das Wesen Gottes kein Urteil fällen. Auch der Wille Gottes, mit dem schon vieles begründet wurde und wird, entzieht sich menschlicher Kenntnis. Gott steht außerhalb aller Gattungen, er ist weder das höchste noch das erste Seiende, sondern der Grund des Seins. Gott ist der Welt gegenüber absolut transzendent und gerade dadurch ist die Welt an und in sich weltlich, eigenständig und von eigener Würde. Thomas säkularisierte die Welt und dies bedeutete zugleich für ihn, der Welt die ihr eigene Würde zu geben. Auf diesem Hintergrund wird verständlich, dass Thomas auch ein eigenes Verständnis von Wirklichkeit hatte.

Was ist das, was bleibt? Was ist die wahre Wirklichkeit? Augustinus sah es in der Idee, Thomas jedoch folgte Aristoteles. Nicht die Idee, das allgemeine Wesen ist das wahre Sein, die eigentliche bleibende Wirklichkeit, sondern das konkrete Einzelne. Auf den Menschen bezogen bedeutet dies: „Persona est perfectissimum in tota natura" (S.th. I 29,3). Nicht eine allgemeine Idee, sondern das einzelne Subjekt ist die höchste Seinsweise. Nicht eine Idee Mensch ist von Gott gewollt, sondern jeder Einzelne ist als solcher von Gott geschaffen. Der einzelne Mensch ist nicht lediglich Exemplar der Gattung Mensch, jeder Einzelne hat seinen Wert und seine Würde in sich. Wie die Individualität des Menschen bereits hier zum tragenden

Element wird, so steht sie auch in anderen Kontexten im Mittelpunkt des thomasischen Denkens. Mit aller Radikalität lehnte Thomas jede Form einer Dualität von Körper und Seele ab. In Anschluss an Aristoteles und unter Aufnahme seiner materia-forma-Lehre (vgl. Zwick, 2004, 63-67) bestimmte er vielmehr: „anima forma corporis est" (De ver. XVI 1 ad 13). Im konkreten Menschen können Leib und Seele nicht getrennt werden. Die Seele ist die Wirklichkeit des Leibes, der Leib ist die Verwirklichung der Seele. Eine Trennung von Leib und Seele kann nur im Gedanklichen stattfinden. Was die Seele ist, kann man nicht sagen, ohne auch vom Leib zu sprechen: „In definitione animae ponitur corpus" (De spiritualibus creaturis, a.9 ad 4). Psycho-Somatik in der Form, dass die rein gedanklich mögliche Trennung von Leib und Seele als Realität gesetzt wird, um anschließend das Problem zu haben, das Getrennte auf welchen Wegen auch immer wieder zusammenzuführen, wäre Thomas mehr als fremd. Dass Thomas von Aquin durch seine Anthropologie auch ein eigenes Verständnis der Fähigkeiten und der Struktur menschlichen Erkennens hat, ist in sich logisch.

Der menschliche Intellekt benötigt unabdingbar Sinneserfahrungen, er hat weder angeborene Ideen noch ein eingegossenes Wissen. „Cognitio a sensu initium habet" (S.th. I 1,9), alle Erkenntnis beginnt mit der sinnlichen Wahrnehmung der konkreten Dinge, der Sinneserfahrung. Im Menschen liegt das lumen naturale, d.h. er hat die formale Befähigung, überhaupt etwas erkennen zu können. Aber damit er etwas erkennen kann, benötigt er eben konkrete Erfahrungen und konkrete Wahrnehmungen. Sinnlichkeit und Intellektualität fallen nicht auseinander, der Mensch hat vielmehr eine sinnliche Intellektualität und eine intellektuelle Sinnlichkeit. Menschliche Erkenntnis ist an Erfahrungen gebunden. Sie beginnt mit sinnlicher Erfahrung und schreitet durch Abstraktion und Reflexion zur Erkenntnis des Wesens des einzelnen konkret Seienden fort. Dass nicht nur Abstraktion vom sinnlich Erfahrenen thematisiert wird, sondern auch Reflexion, sollte nicht übersehen werden. Von wirklicher Erkenntnis kann nämlich nur dann gesprochen werden, wenn der Mensch das Erkannte und sein eigenes Erkennen auch reflektiert hat, d.h.: Um von wirklicher Erkenntnis sprechen zu können, muss der Mensch -Thomas nennt dies die „reditio completa in se ipsum"- das, was er erkannt hat ebenso reflektieren wie den Weg, auf dem er zu seiner Erkenntnis gekommen ist. Erst dann kann man von Wahrheit sprechen. Denkt man hier einmal an Augustinus zurück, so ist der Unterschied offensichtlich: Wahrheit ist bei Thomas eine Frage der Logik, eine Frage des Urteils. Wie Thomas nun damit die Autonomie der menschlichen Vernunft begründete, so begründete er auch die Autonomie des menschlichen Gewissens.

Richtmaß und Regel des menschlichen Handelns ist, so Thomas, die Vernunft. Handeln heißt also nicht, Instinkten und Trieben zu folgen oder lediglich vorgegebene Normen und Gebote zu erfüllen. Jeder Mensch hat vielmehr die natürliche Neigung, gemäß der Vernunft zu handeln. Leitstruktur dieser praktischen Vernunft ist wiederum der Grundsatz „bonum est faciendum, malum vitandum"/das Gute ist zu tun, das Böse ist zu meiden (S.th. I-II 94,2). Entscheidend ist dabei allerdings, dass Thomas bonum und malum formal versteht. Die Vernunft des Menschen muss also entscheiden, was im konkreten Fall das Gute oder das Schlechte ist. Wie konsequent Thomas dabei die Autonomie des Einzelnen denkt, zeigt sich v.a. auch daran, dass er betont, eine Handlung sei nur dann eine wirkliche Handlung, wenn das Gute frei, d.h. um seiner selbst willen getan wird. Das Gute, so Thomas, ist nicht deshalb gut, weil Gott es befiehlt, es muss vielmehr aus sich selbst einsichtig und um seiner selbst willen getan werden. Und er fährt fort: wer schlechte Taten nur unterlässt, weil Gott es geboten hat, und nicht deshalb, weil sie schlecht sind, ist nicht frei (II ad Cor. c. III, 1. III, n.112). Der Mensch soll das Gute nicht tun, weil er glaubt, es tun zu müssen, er soll es tun, damit er sich selbst vollenden kann. Die thomasische Ethik geht damit Hand in Hand mit seiner Anthropologie. Da dem Menschen sein Wesen nicht vorgegeben, sondern aufgegeben ist, gestaltet er sich selbst durch sein Handeln. Tut er deshalb das als gut Erkannte nicht, so bestraft er sich letztlich selbst. Darauf, dass Thomas auf diesem Hintergrund auch ein eigenes Verständnis von Sünde als Selbstschädigung entwickelte, sei hier nur verwiesen. Und dass Thomas die Autonomie des Gewissens als so verpflichtend dachte, dass er auch forderte, ein Mensch, dem sein Gewissen befiehlt, Gott abzusagen, müsse dies tun, wurde ja schon an früherer Stelle ausgeführt.

In seiner Schrift De magistro, der Quaestio XI der Quaestiones disputatae de veritate, wandte sich Thomas auch den pädagogischen Konsequenzen zu. Er betonte hier v.a., der Lehrer solle minister naturae sein, er solle also im Dienst der Natur stehen. Entscheidend sei stets, den Entwicklungsgesetzen nachzugehen und sie methodisch nachzuahmen. Die Hilfestellung des Lehrers stellte Thomas dabei stets an die zweite Stelle. An erster Stelle steht die Selbsttätigkeit des Schülers. „Wie man vom Arzt sagt", betont Thomas, „daß er Gesundheit nur mittels der Eigentätigkeit der Natur bewirkt, so kann auch ein Mensch im anderen Wissen nur mittels der Selbsttätigkeit von dessen natürlicher Vernunft bewirken, und eben dies ist lehren" (De ver. 11,1). Die Eigentätigkeit des Einzelnen steht jedoch nicht nur im Kontext des Lehrens und Lernens im Mittelpunkt, sie ist auch der Schwerpunkt bei der Frage nach der Bildung des Menschen. Der Mensch ist, so Thomas, „sui causa" (De ver. 24,1), er ist ein selbstursächliches Wesen. Bildung ist deshalb handelnde Selbstgestaltung. Und als solche ist sie, da dem Menschen sein Wesen nicht vorgegeben, sondern aufgegeben ist, eine anthropologisch begründete Notwendigkeit zu einem geglückten Leben.

Prinzipiell gilt für Thomas, dass der Mensch niemals Exemplar einer Gattung ist, sondern ein Individuum eigener Würde. Konsequenterweise darf er auch -und dies ist einer der Gründe, warum Thomas die Praxis der oblatio ablehnte- nie lediglich Mittel zu einem Zweck sein. Dass hier bereits Gedanken anklingen, denen man erst Jahrhunderte später bei Immanuel Kant (+ 1804) wieder begegnen wird, sei nur am Rande erwähnt. Interessant ist darüber hinaus, dass es für Thomas mit der Würde des Einzelnen unabdingbar verbunden ist, dass der einzelne Mensch sich selbst gestaltet. Wie Thomas stets betonte, trägt der Mensch keine angeborenen Ideen in sich. Und aus der Leib-Seele-Einheit wurde ja schon ersichtlich, dass seine Entwicklung nicht als Vollzug eines vorgegebenen Wesens verstanden werden kann. Der Mensch ist prinzipiell ein Möglichsein, sein Wesen entwickelt er allein durch seine handelnde Selbstgestaltung. Ethik wird damit zu einer Frage der Anthropologie: das Gute soll nicht deshalb getan werden, weil Gott es befiehlt, sondern damit der Mensch innere Freiheit und damit ein geglücktes Lebens erreichen kann. Darin, dass der Mensch ein prinzipielles Möglichsein ist, liegt auch seine wesenhafte Erziehungsbedürftigkeit und Erziehungsfähigkeit begründet. Der Mensch kann sich nicht aus und durch sich selbst entwickeln. Dazu wäre ja gerade das erforderlich, was Thomas ablehnte, d.h. der Mensch müsste dann ja Wissensinhalte und Verhaltensstrukturen in sich haben, die sich nach und nach -sei es mit oder ohne Anstoß von außen- aus sich selbst heraus entwickeln. Dadurch, dass der Mensch aber weder Wissensinhalte und Verhaltensstrukturen in sich trägt, ist Erziehung, so Thomas, unerlässlich zur Selbstwerdung des Einzelnen. Und Erziehung bedeutet wiederum, den Einzelnen innerhalb des ihm möglichen Rahmens des Erlernbaren zu scientia und habitus zu befähigen. Was bedeuten aber scientia und habitus?

Scientia bedeutet reflektiertes Wissen, theoretisch begründete Annahmen zu haben, habitus wiederum bedeutet, über Dispositionen zu verfügen, die zu gutem Handeln befähigen. Dass Thomas die Erziehung im Kontext der Erkenntnis- und Tugendlehre verortet, darf folglich nicht so verstanden werden, als wolle er damit nahe legen, dem Einzelnen sei lediglich ein fester Bestand an Wissen und Normen zu lehren. Für Thomas ist der Mensch auf das Wahre und Gute hin angelegt, d.h. es ist ihm aufgrund seiner menschlichen Natur möglich, die Fähigkeit entwickeln zu können, das Wahre erkennen und das Gute tun zu können. Und damit er diese Fähigkeit entwickeln kann, ist Erziehung nötig. Allein durch diese anthropologische Begründung wird bereits ersichtlich, dass Thomas der Erziehung eine grundlegende Bedeutung zuspricht. Die volle Tragweite der im eigentlichen Sinn des Wortes grund-legenden Bedeutung von Erziehung wird wiederum dann ersichtlich, wenn man sich in Erinnerung ruft, welchen Stellenwert Thomas der Autonomie der Vernunft und des Gewissens gab. Das Ziel der Erziehung ist der autonome Mensch, der selbstständig denkende und reflektierende Mensch, der seinem Gewissen folgende und innerlich freie Mensch. Vernunft, Selbstverantwortung und Freiheit sind die Ziele der Erziehung, man könnte auch sagen: Freiheit durch Vernunft und Selbstverantwortung. „In der Vernunft", so Thomas, „liegt der Ursprung unserer ganzen Freiheit" (De ver. 24,2). Und wo immer der Mensch als „principium operum suorum"/Ursprung seiner Werke (S.th. I/II prol.) die Verantwortung für das von ihm Getane nicht übernimmt, beraubt er sich

selbst der Möglichkeit seiner Freiheit. Welchen Stellenwert Vernunft, Selbstverantwortung und Freiheit bei Thomas einnahmen, zeigt sich auch daran, dass es für ihn ein Verstoß gegen den Willen Gottes ist, sich selbst die Möglichkeit seiner Freiheit zu nehmen. Denn Gott kann man, so betont Thomas, nur in einer Weise beleidigen: wenn man gegen das eigene Wohl handelt, gegen seine Vernunft, seine Selbstverantwortung und seine Freiheit: „Non enim Deum a nobis offenditur, nisi ex eo quod contra nostrum bonum agimus" (CG III,122). Im Gesamtkontext sollte man es jedoch nun nicht versäumen, auch das Verständnis von Tugend bei Thomas von Aquin anzusprechen. Mit Tugend wird nämlich vieles verbunden, Tugendhaftigkeit gilt gerne als weltfern, asketisch und von Lebensfreude eher entfernt. Ist das aber Tugend im Sinne Thomas von Aquins? Betrachtet man seine Summa theologiae (I-II, 96,2) gewinnt man einen anderen Eindruck.
Tugend gilt als eine naturhafte Neigung, die auf Aktuierung angelegt ist. Und fehlt diese Aktuierung, wird also die Tugend nicht gelebt, so leidet der Mensch unter acedia und tristitia saeculi. Letztere, die üble Laune und der „Weltschmerz", äußern sich in verschiedenen Formen. Evagatio mentis/ein konzentrationsloses Umherschweifen des Geistes, curiositas/Neugier und loquacitas/Geschwätzigkeit treten nicht minder auf als verbositas/Gerede, pusillanimitas/Kleinmut oder rancor/Gereiztheit, Unmut und instabilitas loci et propositi/Instabilität von Ort und Entschluss. Als remedia tristitiae saeculi, als Mittel gegen diese Erscheinungsformen sieht Thomas wiederum die Tugend. Tugend ist für ihn recte vivere, rechtes Leben. Und dieses rechte Leben hat wenig von dem, was so gerne mit Tugendhaftigkeit verbunden wird. Deum precari/beten und sich damit von sich selbst distanzieren und reflektieren zu können ist ebenso ein Zeichen des rechten Lebens wie gaudere/sich zu freuen und lacrimare/weinen. Aber auch amicitia/ die Fähigkeit zur Mitfreude und Mitsorge und verum dicere/die Wahrheit zu sagen benötigt der Mensch nicht weniger als recreatio/Erholung, schlafen und lavari/waschen, baden. Zu letzterem sei kurz angemerkt, dass in dieser Zeit derjenige, der das Bad mied als besonders asketisch galt. Ein Mensch ohne Tugend ist für Thomas letztlich ein Mensch, der es nicht mit sich aushält, dem innere Ruhe und Echtheit fehlen. Dies erklärt wiederum, welche Funktionen Tugenden nach Thomas für den Menschen haben. Sie

stabilisieren ihn, sie ermöglichen ihm eine Gleichförmigkeit seiner Handlungen, man kann dies mit anderer Terminologie auch Charakter nennen, und sie begründen v.a. die Selbstursprünglichkeit seiner Handlungen. Und dies ist wiederum Grundlage und Ausdruck von Autonomie, Echtheit und ein Weg zu einem geglückten Leben. Insgesamt betrachtet bringt Thomas die schon mehrfach als Kennzeichen seiner Zeit angesprochene „Entdeckung der Individualität" nicht nur zum Ausdruck, er begründet sie auch auf philosophischem und theologischem Weg. Seine Betonung der Autonomie der Vernunft und des Gewissens wie auch sein Grundgedanke, die Bildung des Menschen beruhe auf und folge aus seiner handelnden Selbstgestaltung erweisen zudem Thesen der Art, das Mittelalter sei eine Epoche, in der eine gottgegebene Ordnung alles Sein und Werden präformierte und determinierte als höchst fraglich. Dem könnte man nun zwar entgegenhalten, Thomas sei nur ein Denker in einem doch viele Jahrhunderte umfassenden Zeitraum. Hier sei aber entgegengehalten, dass Thomas Vor- und Mitdenker hatte. Allein sein Lehrer Albertus Magnus dürfte schließlich allgemein bekannt sein. Und dass Thomas zudem auch als Ausdruck eines Zeitgeistes angesehen werden kann, zeigt ein Blick auf die Entwicklung der Bildungsinstitutionen im Mittelalter. „Wissen wird Macht" – so könnte man nämlich diesen Prozess charakterisieren, der im folgenden genauer betrachtet werden wird.

Weiterführende Literatur:

Aurelius Augustinus. (1954ff.). Opera. Turnhout
Ballauff, Th. (1969). Pädagogik. Freiburg
Berger, D. (2004). Einführung in die Summa theologiae des hl. Thomas von Aquin. Darmstadt
Borsche, T. (1986). Macht und Ohnmacht der Wörter. Bemerkungen zu Augustinus „De magistro". In: Mojsisch, B. (Hrsg.). Sprachphilosophie in Antike und Mittelalter. Amsterdam. S. 121-161
Chesterton, G. (^{2}1957). Thomas von Aquin. Heidelberg
Dell'Olio, A. (2003). Foundations of moral selfhood. New York
Flasch, K. & Jeck, U. (Hrsg.). (1997). Das Licht der Vernunft. Die Anfänge der Aufklärung im Mittelalter. München
Flasch, K. (1987). Das philosophische Denken im Mittelalter. Von Augustin zu Machiavelli. Stuttgart
Flasch, K. (1989). Aufklärung im Mittelalter? Die Verurteilung von 1277. Mainz
Flasch, K. (^{3}2003). Augustin. Einführung in sein Denken. Stuttgart
Fuhrer, T. (Hrsg.). (2002). Augustinus: De Magistro. Paderborn
Hackett, J./Murnion, W./Still, C. (Hrsg.). (2004). Being and thougt in Aquinas. Binghampton
Helmer, K. (1997). Bildungswelten des Mittelalters. Denken und Gedanken, Vorstellungen und Einstellungen. Baltmannsweiler
Klünker, W.-U. (1987). Gestaltwerden der Erkenntnis. Die Bedeutung von „habitus" und „forma" für die mittelalterliche Bildung. In: IZEBF (31) S. 81-104
Linnenborn, M. (1956). Das Problem des Lehrens und Lernens bei Thomas von Aquin. Freiburg/Br.
Marrou, H.J. (^{2}1995). Augustinus und das Ende der antiken Bildung. Paderborn
O'Callaghan, J. (2003). Thomist realism and the linguistic turn. Toward a more perfect form of existence. Notre Dame
Oort, J. v. (Hrsg.). (2001). Augustine and Manichaeism in the Latin West. Leiden
Schmidl, W. (1987). Homo discens. Studien zur Pädagogischen Anthropologie bei Thomas von Aquin. Wien
Speer, A. (Hrsg.). (2005). Thomas von Aquin. Die Summa theologiae. Werkinterpretationen. Berlin
Thomas von Aquin. (1948ff.). Opera. Turin/Rom
Torrell, J.-P. (1995). Magister Thomas. Leben und Werk des Thomas von Aquin. Freiburg/Basel/Wien
Wermelinger, O. (1987). Die pädagogischen Leitlinien in Augustins De catechizandis rudibus. In: Congresso internazionale su S.Agostino nel XVI centenario della conversione. Rom. S. 313-321
Wienbruch, U. (1989). Erleuchtete Einsicht. Zur Erkenntnislehre Augustins. Bonn
Wippel, J. (2000). The Metaphysical Thougt of Thomas Aquinas. Washington
Zimmermann, A. (Hrsg.). (1988). Thomas von Aquin. Werk und Wirkung im Licht neuerer Forschung. Berlin/New York
Zwick, E. (2001). Vormoderne oder Aufbruch in die Moderne? Studien zu Hauptströmungen des Mittelalters. Hamburg
Zwick, E. (2004). Spiegel der Zeit - Grundkurs Historische Pädagogik I. Münster

8 Wissen wird Macht:
Strukturen der Institutionalisierung von Bildung

Um die Strukturen der Institutionalisierung von Bildung zu verorten muss man sich zunächst in Erinnerung rufen, warum das Jahr 529 als symbolischer Beginn des Mittelalters genannt wurde: Die Ereignisse dieses Jahres, die Schließung der platonischen Akademie in Athen und die Gründung des Benediktinerordens, stehen symbolisch dafür, dass die antike Tradition durch das Christentum in einer eigenen Weise adaptiert und interpretiert wurde. Den Modus der Adaption verdeutlicht in besonderer Weise die zwischen 392 und 426 verfasste Schrift De doctrina christiana des Augustinus (+430). Wie anhand der schematischen Übersicht von Dolch ersichtlich wird, nimmt Augustinus nämlich eine bezeichnende Differenzierung, Systematisierung und Bewertung von Lehrgegenständen vor. So unterscheidet Augustinus (Dolch, 1971, 76):

- Menschliche Einführungen:
  - Abergläubische:
    z.B. Götzendienst, Alltagsgebräuche, Astrologie, Vogelflugdeutung
  - Nichtabergläubische:
    - Überflüssige: Theaterpossen, Gemälde, Statuen, Dichtungen
    - Zweckmäßige und notwendige: Kleidung, Rangabzeichen, Maße, Münzen, Gewichte, Buchstaben, Sprachen, Kurzschrift
- Göttliche Einrichtungen:
  - Erfahrungen durch Sinneswahrnehmung und Erzählung:
    Geschichtswissenschaft, Naturwissenschaften und Astronomie sowie Fertigkeiten, z.B.: Baukunst, Schreinerei, Töpferei, Heilkunde, Landwirtschaft, Verwaltungskunst, Tanzen, Laufen, Ringen
  - Erkenntnisse aus rein geistiger Vernunft:
    - Dialektik: Definitionen, Syllogistik, Sophistik, Rhetorik
    - Mathematik: Arithmetik, Geometrie, Musik

Nicht nur die Systematisierung an sich ist jedoch interessant, sondern v.a., welche Haltung Augustinus zu den einzelnen Lehrgegenständen einnimmt.

So sind von den menschlichen Einführungen lediglich die zweckmäßigen und notwendigen Einführungen zu lernen und dies auch nur als Mittel zum Zweck. Und auch bei den göttlichen Einrichtungen hat Augustinus eine klare Position. Von den Erfahrungen durch Sinneswahrnehmung und Erzählung soll man oberflächlich Kenntnis nehmen, damit man sie beurteilen kann. Genauer beschäftigen sollte man sich hingegen mit den Erkenntnissen aus rein geistiger Vernunft. Aber auch hier ist stets zu bedenken: sie sind lediglich wertlose Wege zu einem wertvollen Besitz. Dass die hier zum Ausdruck kommende Funktionalisierung „weltlichen Wissens" nicht allein Augustinus zugelastet werden kann, zeigt auch ein Blick auf die Denker, die dem Mittelalter das antike Wissen vermittelten. Nur als Beispiele seien hier Cassiodor (+583) und Isidor von Sevilla (+636) genannt.

Cassiodor war zunächst Geheimsekretär unter König Theoderich. Im Jahr 537 zog er sich jedoch vom Hof in Ravenna zurück und gründete 555 in Kalabrien ein Kloster. Relevant ist nun nicht nur, dass Cassiodor explizit das augustinische Bildungsprogramm für die Ausbildung der Mönche übernahm. Er verfasste vielmehr auch die Institutiones divinarum et saecularium litterarum und diese Abhandlungen über die göttlichen und weltlichen Wissenschaften verdeutlichen exemplarisch den Umgang mit antikem Wissen.

Als Inbegriff antiken Wissens versteht Cassiodor die aus der enkyklios paideia der Sophisten (vgl. Zwick, 2004, 44-50) hervorgegangenen septem artes liberales, die sieben freien Künste. Allein daran, dass diese artes das Trivium (Grammatik, Rhetorik, Dialektik) und das Quadrivium (Geometrie, Arithmetik, Astronomie, Musik) umfassen, kann man wohl schon erkennen, dass sie nicht im heutigen Sinn von Kunst bzw. Künsten zu verstehen sind, sondern als Fähigkeiten, Sachgebiete, Wissenschaften. Und sie zu kennen erachtet Cassiodor nicht nur deshalb als nützlich, weil dieser Grundstock menschlichen Wissens auch in den Heiligen Schriften zu finden ist. Er sieht in ihnen vielmehr auch einen Weg, um die Heiligen Schriften verständlich werden zu lassen. Dass Cassiodor die septem artes liberales funktionalisiert und der Theologie unterordnet, zeigt v.a. das zweite Buch seiner Institutiones. Interessant ist dabei nicht nur, dass er die Zahl „sieben" als Verweis auf die sieben Tage der Schöpfung versteht, sondern

auch seine Interpretation der einzelnen Künste. Da das Wort Gottes die Welt erschuf, gilt die Grammatik als die Ursprungswissenschaft, Rhetorik und Dialektik versteht er wiederum als die Künste vom Gebrauch des Wortes. Und wie das Trivium aus diesem Grund als für die Auslegung der Heiligen Schrift nützlich erachtet wird, so kann das Quadrivium über die Schöpfung belehren. Da Gott, so Cassiodor, alles nach Maß, Zahl und Gewicht erschuf, zeigen für ihn Arithmetik, Geometrie, Musik und Astronomie die Regeln, nach denen alles geschaffen wurde. Bei aller Funktionalisierung, die die septem artes liberales hier erfahren, sollte man aber auch nicht übersehen, dass es Cassiodor zu verdanken ist, dass sie als Lehrinhalte erhalten blieben. Seine Bedeutung mag allerdings aus einem eigentlich erstaunlichen Grund wenig bekannt sein. Isidor von Sevilla übernahm nämlich große Teile von Cassiodor und hatte letztlich eine größere Breitenwirkung als Cassiodor selbst. Fragt man nach den Ursachen dieses Phänomens, spielen Isidors umfangreiche Tätigkeiten eine große Rolle.
Isidor, der 599/601 Bischof von Sevilla wurde, gründete nicht nur Schulen, um die Ausbildung der Geistlichen zu fördern, sondern war auch schriftstellerisch tätig. Wie sein in über tausend Handschriften überliefertes Werk zeigt, wendet er sich neben theologischen Fragen auch philologischen, historischen und naturwissenschaftlichen Themen zu. Sein bekanntestes und bedeutendstes Werk sind die für den westgotischen König Sisebut (+621) verfassten Etymologiae. In Form einer Realenzyklopädie fasst Isidor hier das gesamte Wissen seiner Zeit, sei es z.B. zu Zoologie, Geographie, Anthropologie, Geschichte oder Recht zusammen. Und v.a. arbeitet er die septem artes liberales systematisch auf und tradiert sie damit in erfolgreicher Weise. Verfolgt man an dieser Stelle deren weitere Entwicklung, lässt sich festhalten, dass sie schließlich in der sog. Karolingischen Renaissance als geschlossenes Bildungsprogramm auftreten. In Anbetracht dessen, dass mit dem Begriff „Renaissance" eine Säkularisierung des Denkens und eine Rückbesinnung auf die Antike verbunden ist, sollte man zwar hinsichtlich der Reform unter Karl d. Gr. (+814) weniger von einer Renaissance als von einer renovatio/Erneuerung sprechen, aber dies schmälert deren Bedeutung in keiner Weise.

Karl war nach dem Tod seines Vaters Pippin (+768) zusammen mit seinem Bruder Karlmann (+771) 768 König der Franken geworden, erlangte aber durch den frühen Tod seines Bruders schon nach drei Jahren die Alleinherrschaft. Durch seine konsequente Expansionspolitik errichtete er nach und nach ein Großreich und wurde schließlich am 25. 12. 800 von Leo III. (+816) in Rom zum Kaiser gekrönt. Nicht seine Politik und dass er durch sie und durch den Gedanken einer auf dem Christentum beruhenden geistigen Einheit die Fundamente des „christlichen Abendlandes" schuf, ist hier jedoch relevant, sondern dass durch ihn bzw. auf seinen Anstoss hin die lateinische Sprache, die Schrift und die Struktur der Bildung dauerhaft reformiert wurden. Das Ziel dieser Reformen entsprach dabei ganz den Bestrebungen der Zeit: Um den Glauben zu fördern, galt es, diesen richtig zu vermitteln; und eine richtige Vermittlung erforderte wiederum eine exakte Sprache und klare Inhalte. Für sich spricht in diesem Kontext, dass Karl schon in seinem ersten Rundschreiben aus dem Jahr 769 fordert, Priester, die das wissenschaftliche Studium vernachlässigen, sollten ihres Amtes enthoben werden. Weil Unwissende, wie es bereits hier betont wird, das Wort Gottes nicht verkünden und predigen können, wird schließlich 789 auf den Aachener Synoden festgelegt, dass Prüfungen eine unerlässliche Voraussetzung sind, um zum Priester geweiht werden zu können. Diese Intentionen sollte man keineswegs unterschätzen oder auf eine rein kirchliche Ausbildung begrenzen. Man sollte sich vielmehr in Erinnerung rufen, welche Rolle dem Klerus in dieser Zeit zukam. Da die wenigsten Menschen lesen und schreiben konnten, hatte eine Predigt ja auch eine wissensvermittelnde Funktion und diente der Unterweisung der Bevölkerung. Der Förderung der Ausbildung der Kleriker kann damit aber letztlich eine größere Bedeutung zugesprochen werden als dem Versuch Karls, in möglichst allen Gemeinden Pfarrschulen zu errichten. Da letztere zudem nicht für das Erlernen von Lesen und Schreiben gedacht waren, sondern für das Erlernen der wichtigsten Gebete und Kirchenlieder, sollten sie wohl auch mehr der Förderung einer einheitlichen Geisteshaltung als der Bildung dienen. Ein, wenn nicht sogar das Kennzeichen der Bemühungen Karls um die Pflege und Ausbreitung der Bildung sind aber auch nicht die Pfarrschulen, sondern dass er ab ca. 777 Gelehrte aus ganz Europa an seinen Hof holte und dadurch die schola palatina, die Aachener Hofschule zu einem Zentrum der Gelehrsamkeit werden ließ. Ein besondere Position nimmt hier wiederum Alkuin (+804) ein. Auf einer Reise nach Rom begegnete Karl 781 in Parma dem an der Kathedralschule von York, der zu dieser Zeit berühmtesten Bildungsstätte Europas lehrenden angelsächsischen Theologen. Er holte ihn als Leiter der Hofschule nach Aachen und dort konkretisierte Alkuin das, wozu Karl den Anstoss gegeben hatte: er reformierte die lateinische Sprache, die Schrift und die Struktur der Bildung.

Dank Alkuin wurden fehlerhafte Texte antiker und christlicher Autoren überarbeitet. Da diese korrigierten Abschriften als verbindlich galten und deshalb im gesamten Reichsgebiet verbreitet wurden, entstanden im Zuge dessen zahlreiche Bibliotheken. Dass dies wiederum nicht nur dem religiösen, sondern auch dem weltlichen Wissen zu Gute kam, ist wohl in sich verständlich. Nicht minder relevant war auch Alkuins Bestreben, eine klare Schrift zu entwickeln. Sie führte zur Ausbildung der karolingischen Minuskel, der vom 9. bis zum 12. Jahrhundert meistverwendeten Urkunden- und Buchschrift. Die Majuskelschrift kannte ja nur Großbuchstaben und diese waren nicht zuletzt aufgrund der Schwierigkeit, sie zu lesen, zunehmend ungeeignet geworden. Die karolingische Minuskel hingegen, die Grundlage unserer heutigen Schrift, beruht auf dem Prinzip des buchstabierenden Schreibens. Durch Ober- und Unterlängen, klare Worttrennungen, Zeilenanfänge und Kontraste von Fett- und Feinschrift gewährleistete sie eine bessere Lesbarkeit der Texte und trug damit auch dazu bei, dass Texte verbreitet und gelesen wurden. Und sie trug sicher auch dazu bei, dass man sich über das Gelesene austauschen konnte.

Neben diesen Reformen sind auch Alkuins Leistungen hinsichtlich der Frage der Bildung hervorzuheben. Das Ziel der Bildung ist, darin entspricht Alkuin ganz seiner Zeit, der Glaube. Diesem Glauben soll der Erwerb der Bildung dienen. Der Reife des Schülers entsprechend sollte aber der Unterricht stufenweise erfolgen. Nach dem Erwerb des elementaren Wissens, d.h. Lesen, Schreiben, Grammatik und Kalenderkunde, erfolgte die artistische Bildung, die Ausbildung in den septem artes liberales. Interessant ist dabei nicht nur, dass die Lehrmethode dialogisch sein sollte, d.h. dass der Schüler Fragen stellen sollte, sondern auch, dass die Ausbildung in den

Artes als Stufengang des Wissens verstanden wurde. Die Künste, das Trivium und das Quadrivium, wurden als sieben Stufen gesehen, die nach und nach zur Weisheit führen. Dadurch, dass sich ihnen aber die theologische Ausbildung anschloss behielten sie ihren propädeutischen Charakter: Durch die Vermittlung von Sprachkenntnis und Sachwissen sollten sie zum Glauben führen.

Stellt man nun an dieser Stelle die Frage nach der Bedeutung der karolingischen renovatio, so ist neben dem methodischen Aspekt des auf der Aktivität des Schülers beruhenden Dialogs auch auf das Novum eines Stufengangs des Wissens zu verweisen. Zudem wurde durch die Vereinheitlichung von Sprache und Schrift auch eine Vereinheitlichung des Wissenserwerbs ermöglicht. Dennoch sollte man nicht übersehen, dass in Folge dieser renovatio eine neue Differenzierung entstand:

die Unterscheidung der Litterati und der Illiterati, der Schreibkundigen und der Nicht-Schreibkundigen.

Alkuin hatte betont, jede Unterweisung müsse mit einer korrekten Beherrschung der Sprache, speziell der lateinischen Sprache beginnen. Und bedenkt man zudem, dass die sich entwickelnden Volkssprachen im Unterschied zur lateinischen Sprache noch nicht genügend Schriftlichkeit entwickelt hatten, um Sachverhalte adäquat zum Ausdruck zu bringen, wird ersichtlich, dass die Frage: `schreibkundig oder nicht` keineswegs nur als eine funktionale Differenzierung erachtet werden kann. Schreiben konnte zu dieser Zeit zwar nicht jeder. Und dass selbst Karl der Große keine besonderen Anstrengungen unternahm, es zu erlernen, zeigt bereits, dass dem Schreiben an sich zunächst keine besondere Bedeutung zugesprochen wurde. Schreiben galt vielmehr als Handwerkskunst. Man sollte allerdings auch bedenken, dass Geistliche keine illiterati sein durften, sie mussten lesen und schreiben können. Dies, wie auch der angesprochene Vorteil des Lateinischen, über Schriftlichkeit zu verfügen, führte letztendlich zu einer neuen Differenzierung:

Latein wurde zur Gelehrtensprache und Latein sprachen und schrieben Kleriker. Fuhrmann fasst dies und die damit gegebenen Folgen prägnant zusammen. „Korrektes Latein vermochten nunmehr allerdings nur die führenden Schichten zu handhaben, insbesondere der Klerus. Das ungelehrte

Volk bediente sich weiterhin teils der noch nicht verschriftlichten germanischen, teils der dem Lateinischen entwachsenden und als solche nicht mehr verschriftlichten romanischen Idiome. Karl der Große wurde so durch seine Maßnahmen zum Schöpfer eines Zustandes, der weite Teile Europas, das ganze Gebiet der westlichen Kirche, bis zum siebzehnten, ja achtzehnten Jahrhundert geprägt hat: zum Schöpfer des mittelalterlichen und frühneuzeitlichen Bilinguismus. Man versteht hierunter das Nebeneinander einer Vielzahl von Volkssprachen und des einen Latein, wobei dieses nicht nur der Verständigung unter verschiedenen Völkern, wie im 17. und 18. Jahrhundert das Französische und gegenwärtig das Amerikanische, sondern auch nahezu dem gesamten Schriftwesen diente, der Gesetzgebung und Verwaltung, der Wissenschaft und Literatur" (Fuhrmann, 2002, 15).

Wurde schon auf diese Weise ein Grund dazu gelegt, dass die Klöster weiterhin die zentralen Bildungsstätten blieben, so wurde dies durch die Entwicklungen nach dem Tod Karls d. Gr. noch verstärkt. Der Sohn Karls, Ludwig der Fromme (+840), hatte nämlich andere Intentionen als sein Vater. Ganz unter dem Einfluss des religiösen Eiferers Benedikt von Aniane (+821) stehend, war eine allumfassende Religiosierung das Hauptbestreben Ludwigs. Als Konsequenz dessen wurden die septem artes liberales als heidnisch abgelehnt und die Reformen Karls d. Gr. fanden im Reichsgebiet ihr Ende. Erhalten und fortgeführt wurden sie jedoch in den Klöstern, die demzufolge weiterhin die Orte der Bildung blieben. Ein Wandel zeichnet sich hier erst im Zuge der Entwicklung des Schulwesens ab.

Dass das Schulwesen zunächst vom Klerus getragen und für ihn gestaltet war, zeigen die Kloster-, Dom- und Stiftsschulen. Dabei kann es durchaus als eine logische Konsequenz der schon genannten oblatio erachtet werden, dass bis zum 8. Jh. die Klosterschulen letztlich die einzigen Schulen waren. Die Klöster hatten für die Ausbildung der ihnen übergegebenen Kinder zu sorgen und dies taten sie in der schola interior. Dieser wurde aber auch bald die schola exterior beigeordnet, also eine Schule für den adeligen Nachwuchs, der nicht für das Klosterleben bestimmt war. Diese Öffnung für Laien ist auch ein Kennzeichen der an Bischofssitzen vorhandenen Domschulen und der an Stiftskirchen angegliederten Stiftsschulen. Sie waren ab dem 9. Jh. auch für Laien zugänglich, hatten aber den gleichen Aufbau wie die Klosterschulen. In den Schulen fand ein dreigliedriger Unterricht statt: der Elementarstufe mit dem Schwerpunkt Schreiben, Lesen und Singen schloss sich die auf den septem artes liberales beruhende Mittelstufe an, der wiederum die Oberstufe mit einer Vertiefung der Lehre der Bibel, der Kirche und der Kirchenväter folgte. Durch den Rückgang und die Aufhebung der oblatio wie auch durch den bereits mehrfach thematisierten Wandel im 11./12. Jh. lässt sich jedoch ab Ende des 11. Jh. ein Wandel im Schulwesen feststellen, der es durchaus erlaubt, von einer „révolution scolaire" zu sprechen. Einerseits gingen die monastischen Schulen zurück, andererseits betonten aber zahlreiche Synoden und Konzilien den Bildungsauftrag der Kirche. 1179 betonte z.B. das III. Laterankonzil (c. 18) und 1215 das IV. Laterankonzil (c. 11), dass alle Bischöfe verpflichtet seien, eine Schule zu unterhalten und dass allen armen Schülern kostenlos Unterricht erteilt werden sollte. Im 12. Jh. hatten aufgrund dessen zwar die meisten Bischofssitze eine Schule, dennoch ist zu betonen, dass die wichtigste Neuerung im Schulwesen dieser Zeit in der Zunahme privater Schulen zu sehen ist.

Bedingt durch das bereits genannte Aufblühen der Städte entstand ein stadteigenes Schulwesen, wobei der Rat der Stadt über diese sich auf den Elementarunterricht konzentrierenden Stadt- und Ratsschulen die Aufsicht hatte. Er stellte auch die Lehrer an und bestimmte die Schulordnungen. Als rein private Schreib- und Leseschulen sind hingegen die in Handwerksstätten anzutreffenden sog. Winkelschulen anzusehen. Neben einer Einführung in Schreiben, Lesen und Rechnen wurde in dieser ältesten Vorstufe der Volksschule ein rein zweckorientierter und handwerksgebundener Unterricht erteilt. Dass dies nicht nur Folge praktischer Erfordernisse war, sondern auch auf einen grundsätzlichen Wandel im Verständnis von Wissen verweist, wird letztendlich daran ersichtlich, dass die sog. artes mechanicae zeitgleich eine neue Wertung erfuhren. Diese sieben mechanischen Künste, die nach Hugo von St. Viktor (+1141) die Weberkunst, die Waffenschmiedekunst, die Schifffahrt, den Ackerbau, die Jagd, die Heilkunst und die Schauspielkunst umfassen, galten als Fertigkeiten, die dem unmittelbaren Broterwerb dienen und aus diesem Grund als den septem artes liberales untergeordnet angesehen wurden. Dass sie nun eine neue Wertigkeit erfuhren, spiegelt das wieder, was schon mehrfach thematisiert wurde: den Gesamtwandel in dieser Zeit. Und diesen Gesamtwandel und den Wandel im Verständnis von Wissen und Bildung zeigt v.a. auch die Entstehung der Universität.

Wie sicher bekannt ist, befindet sich die erste Universität nicht in Europa, sondern in Kairo. Im Namen Fatimas, der Tochter des Propheten, die so schön war, dass man ihr den Beinamen „al-Zahra/die Blühende" gab, errichteten schiitische Fatimiden 972 Al-Azhar, die erste Universität der Welt. Aber warum entstand im Abendland ab dem 12. Jh. die Einrichtung einer Universität? Stellt man sich diese Frage, ist letztlich auf all das zurückzugreifen, was bereits mehrfach als Kennzeichen des Gesamtwandels dieser Zeit genannt wurde. So spielte die Begegnung mit arabischer und jüdischer Gelehrsamkeit eine nicht minder relevante Rolle als das Bekanntwerden des Gesamtwerkes des Aristoteles. Zudem stiegen, teils als eine Folge des zunehmenden Wohlstands in dieser Zeit, teils als eine Folge der Erkenntnis, dass Bildung sozialen Aufstieg ermöglicht und fördert, die Schülerzahlen sprunghaft an. Und diese steigenden Schülerzahlen weckten wiederum das Bedürfnis nach einer Organisation. Da nämlich viele Lehrer Ausländer waren und deshalb keine örtlichen Bürgerrechte hatten, galt es, Rechte und Privilegien zu sichern. Unter Rückgriff auf das sich zur gleichen Zeit in Handwerks- und Handelskreisen entwickelnde Organisationsmodell der Zünfte schlossen sich Lehrer und Schüler zu Gemeinschaften zusammen und nannten diese „Universität". „Universität" ist also ursprünglich nur die Bezeichnung für einen Zusammenschluss von Lehrern und Schülern, die gemeinsame Ziele verfolgten. Und v.a. ist auch festzuhalten: die ersten Universitäten wurden nicht gegründet, sie entwickelten sich. Betrachtet man die ersten Universitäten, also Bologna und Paris, die später als ihre Gründungsjahre die Jahre 1150 und 1200 angaben, genauer, tritt noch ein weiterer interessanter Aspekt hervor: sie stellen zwei Universitätsmodelle dar, die beide zukunftsweisend wurden. Bologna repräsentiert den Typus einer universitas magistrorum et scholarium, d.h.: letztlich gehörten die Professoren nicht der Körperschaft an, diese umfasste nur die Studenten. Hier standen die Studenten im Mittelpunkt, beispielsweise bei der Wahl des Rektors oder der Überprüfung der Leistungen der Lehrenden.

Paris hingegen entspricht dem Typus einer universitas magistrorum. Sie stellte eine Professorenuniversität mit Fakultätseinteilung dar und wurde damit für das europäische Universitätswesen prägend. Unabhängig von diesen Unterschieden lassen sich aber für alle Universitäten zahlreiche Privilegien festhalten, die teilweise sogar noch heute ihre Gültigkeit haben. Zu nennen ist hier nicht nur, dass Kaiser Friedrich Barbarossas (+1190) Scholarenkonstitution von Roncaglia 1158 den Gelehrten und Scholaren beachtliche Privilegien verlieh, damit sie frei sein konnten, zu lehren und zu lernen, sondern auch, dass nicht zuletzt dadurch die libertas academica ein Grundzug der Universitäten sein sollte. Die Universitäten hatten darüber hinaus auch einen eigenen Rechtsstatus und v.a. das Privileg der akademischen Selbstverwaltung, d.h. sie konnten Lehrpläne erstellen, Gebühren erheben, Zulassungsbedingungen formulieren und akademische Grade verleihen. Per Dekret am 28.6.1219 von Honorius III. verordnet, gab sich als erste Universität Bologna eine Promotionsordnung und am 27.4.1233 erließ schließlich Gregor IX. die Weisung, der erworbene Titel sei überall und ohne weitere Prüfung anzuerkennen. Ein Privileg ist allerdings heute nicht mehr bekannt: die Universitäten hatten eine eigene Gerichtsbarkeit für ihre Mitglieder. Als beispielsweise 1407 ein Stadtrichter in Paris mehrere Studenten wegen eines Verbrechens hatte hängen lassen, musste er sie selbst von Galgen abnehmen und sich bei der Sorbonne entschuldigen – er hatte in deren Gerichtsbarkeit eingegriffen. Betrachtet man nun noch die Situation der Studenten, so treten ebenfalls interessante Aspekte hervor. Die Universitäten kannten nämlich in ihren Anfangszeiten keinen sozialen Numerus Clausus. Zwar mussten Immatrikulationsgebühren entrichtet werden, Arme waren aber davon befreit. Und v.a. gab es bereits im Spätmittelalter ein ausgeprägtes Stipendienwesen. Dass es aber keine eigentlichen Eintrittsvoraussetzungen gab, führte auch zu Problemen. Vor allem war der Bildungsstand, den die Studenten hatten, wenn sie mit 12 oder 14 Jahren ihr Studium begannen, höchst unterschiedlich. Hatte sich der Student immatrikuliert, so zog dies wiederum zahlreiche Privilegien nach sich, sei es z.B. die Abgabefreiheit -man könnte dies auch Steuerfreiheit nennen- oder die Möglichkeit, in Collegien Unterkunft und Verpflegung zu erhalten. Zudem hatte der Student durch die Immatrikulation einen klerikalen Status. Dies bedeutete jedoch nicht, dass er verpflichtet war, Kleriker zu werden. Er unterstand vielmehr dem Schutz der Kirche. Hatte man zwei Jahre die septem artes liberales studiert, war man Baccalaureus/junger Mann, setzte man die Studien nochmals zwei Jahre fort, war man Magister Artium. Dann war es wiederum möglich, zwei Jahre an der Artistenfakultät zu lehren und gleichzeitig an den oberen Fakultäten, Theologie, Jura oder Medizin zu studieren.

Nicht nur die formalen und institutionellen Aspekte der Universitäten sollten allerdings beachtet werden, sondern v.a., dass die Universitäten Ausdruck neuer Denk-, Lehr- und Lernformen sind. Man begann, alte Autoritäten kritisch zu hinterfragen. Nicht Autorität und Tradition sollten nun über richtig oder falsch entscheiden, sondern logisches Denken.

Dies spiegelt die verwendete Methodik wider. Grundlegend war die lectio, der Kommentar eines Textes. Ausgehend von einer grammatikalischen Analyse, sollte dieser Kommentar erklären, auslegen und zur Diskussion anregen. Der lectio schloss sich deshalb die quaestio an, das In-Frage-Stellen des Gelesenen. Im 13. Jh. wurde die quaestio sogar zur disputatio: gelöst von einer Textvorlage wurde nun über eine aufgeworfene Frage diskutiert. Und entscheidend waren dabei allein Sachkenntnis und logische Argumentation. Le Goff stellt dazu fest: „So entwickelte sich die Scholastik als wissenschaftlich strenge Meisterin und Anregerin originellen Denkens in strikter Einhaltung der Gesetze der Vernunft. Das abendländische Denken sollte immer von ihr geprägt bleiben, es hat durch sie entscheidende Fortschritte gemacht" (Le Goff, 1993, 102). An den Universitäten entwickelte sich also eine grundlegende Methode wissenschaftlichen Denkens. Und dass sie entwickelt und praktiziert werden konnte, liegt wiederum darin begründet, dass die Entstehung der Universitäten Ausdruck des gesellschaftlichen und denkerischen Wandels der Zeit ist. An ihnen und durch sie spiegelt sich wieder, was als gemeinsamer Grundzug der Zeit erachtet werden kann: Wissen wird Macht.

Wissen wird Macht: so betitelt Kintzinger seine Darlegungen zur Bildung im Mittelalter und fokussiert damit entscheidende Aspekte (vgl. Kintzinger, 2003).

So kannte man nicht nur bereits im Mittelalter heutige Fragen, d.h. Fragen der Art, welches Wissen nötig sei, welche Inhalte vermittelt werden sollten und in welcher Form dies zu geschehen habe. Bereits im Mittelalter lassen sich vielmehr verschiedene Wissensformen differenzieren. Neben ein Bildungswissen trat zunehmend ein Handlungswissen. Und wie ersteres ein theoretisches auf den septem artes liberales beruhendes und auf Deutungskompetenz, d.h. auf das Erklären von Zusammenhängen gerichtetes Wissen darstellte, so handelte es sich bei letzterem um ein in Ausbildungen erworbenes anwendungsorientiertes und Handlungskompetenz vermitteltendes praktisches Wissen. Beide Wissensformen an sich, aber auch gerade ihre Unterscheidung zeigt zudem, dass Wissen zu einer Kulturtechnik wurde – und auch dadurch zu einer Macht. Wissen wurde entscheidend für die Aufstiegschancen des Einzelnen und Wissen hatte einen bedeutenden Stellenwert für die soziale Geltung des Einzelnen. Allein dass beispielsweise im späten Mittelalter akademische Grade und Adelstitel parallelisiert wurden und Gelehrte damit in ihrer sozialen Geltung mit dem niederen Adel gleichzogen, spricht hier wohl für sich. Wissen wurde aber auch noch unter einem anderen Aspekt Macht: durch Wissen begann die Autonomie des Wissens. Dies mag auf den ersten Blick tautologisch anmuten. Man sollte sich allerdings in Erinnerung rufen, dass durch die Entwicklung wissenschaftlichen Denkens die Denkform der Allegorisierungen und Analogisierungen wenn nicht abgelöst, so doch zumindest erschüttert wurde und dass sich v.a. wissenschaftliches Denken zunehmend von den Schranken kirchlicher Kontrolle befreite.

Auf diesem Hintergrund wird jedoch nochmals die schon mehrfach in Zweifel gezogenen Trennung zwischen Mittelalter und Neuzeit fraglich. Ein freies, allein den Regeln der Vernunft verpflichtetes Denken wird zumeist als Kennzeichen der Neuzeit erachtet. Dem steht aber entgegen, dass die Wurzeln dieser Denkform in den Rationalisierungsprozessen ab dem 11./12. Jh. zu finden sind.

Ein den Regeln der Vernunft verpflichtetes Denken zeigte z.B. bereits Albertus Magnus (+1280), wenn er betonte: „dico, quod nihil ad me de dei miraculis, cum ego de naturalibus disseram/ich habe nichts mit Wundern zu tun, wenn ich Naturwissenschaft treibe" (De gen. et cor. Lib. 1, tract. 1, cap. 22). Der oft als „Hume des Mittelalters" bezeichnete Nikolaus von Autrecourt (+ nach 1350) verwarf, um ein weiteres Beispiel zu nennen, die Grundlagen des Kausalitätsprinzips und intendierte eine atomistische Naturerklärung. Und Nikolaus von Oresme (+ 1382) kann sogar als ein Vorläufer Galileis betrachtet werden: er postulierte die tägliche Bewegung der Erde um die Sonne und entdeckte die Fallgesetze. Wie diese Beispiele zeigen, änderten sich Methode und Ziel wissenschaftlicher Forschung. Und dieser wissenschafltiche Geist erfasste auch den Bereich des Glaubens. So betonte Thomas von Aquin (+1274), „cognitio enim fidei praesupponit cognitionem naturalem/Die Erkenntnis des Glaubens setzt die natürliche Erkenntnis voraus" (De ver., 14, 9, ad 8). Das, was der Christ glauben soll, kann und darf nicht in Widerspruch zu dem stehen, was dieser kraft seiner eigenen Kräfte erkennt.

Dass gerade diese Beispiele gewählt wurden, um die Problematik einer Trennung von Mittelalter und Neuzeit zu verdeutlichen, geschah nicht ohne Grund. Zu den häufigsten Argumenten der zu Beginn genannten problematischen Betrachtungsweise des Mittelalters innerhalb der pädagogischen Forschung zählt nämlich die These, in der Neuzeit sei das Verhältnis des Menschen zur Transzendenz säkularisiert, sein Verhältnis zur Natur instrumentalisiert und sein Verhältnis zu sich selbst subjektiviert. In welcher Form dies berechtigt ist, sei in Form eines Ausblicks kurz angesprochen.

Weiterführende Literatur:

Ballauff, Th. (1969). Pädagogik. Freiburg
Becher, M. (⁴2004). Karl der Große. München
Black, R. (2001). Humanism and education in Medieval and Renaissance Italy. Tradition and innovation in latin schools from the twelfth to the fifteenth century. Cambridge
Bollenbeck, G. (1994). Bildung und Kultur. Glanz und Elend eines deutschen Deutungsmusters. Frankfurt/M.
Borgolte, M. (1996). Sozialgeschichte des Mittelalters. München
Bühler, A. et al. (2004). Das Mittelalter. Stuttgart
Bullough, D. (2004). Alcuin. Leiden
Denzinger, G. (2001). Die Handschriften der Hofschule Karls des Großen. Langwaden
Depreux, P. (2004). Alcuin, de York à Tours. Rennes
Dolch, J. (1971). Lehrplan des Abendlandes. Ratingen
Edelstein, W. (1965). Eruditio und sapientia. Weltbild und Erziehung in der Karolingerzeit. Untersuchungen zu Alcuins Briefen., Freiburg/Br.
Flasch, K./Jeck, U. (Hrsg.). (1997). Das Licht der Vernunft. Die Anfänge der Aufklärung im Mittelalter. München
Flasch, K. (1987). Das philosophische Denken im Mittelalter. Von Augustin zu Machiavelli. Stuttgart
Fleckenstein, J. (1953). Die Bildungsreform Karls des Großen als Verwirklichung der Norma Rectitudinis. Bigge
Fried, J. (Hrsg.). (1986). Schulen und Studien im sozialen Wandel des hohen und späten Mittelalters. Sigmaringen
Fried, J. (2001). Aufstieg aus dem Untergang. Apokalyptisches Denken und die Entstehung der modernen Naturwissenschaft im Mittelalter. München
Fried, J. (²2002). Die Aktualität des Mittelalters. Gegen die Überheblichkeit unserer Wissensgesellschaft. Stuttgart
Fuhrmann, M. (2002). Bildung. Europas kulturelle Identität. Stuttgart
Grundmann, H. (1989). Litteratus – Illiteratus. Der Wandel einer Bildungsnorm vom Altertum zum Mittelalter. In: Archiv für Kulturgeschichte (40) S. 1-65
Helmer, K. (1997). Bildungswelten des Mittelalters. Denken und Gedanken, Vorstellungen und Einstellungen. Baltmannsweiler
Kintzinger, M. (2003). Wissen wird Macht. Bildung im Mittelalter. Darmstadt
Kintzinger, M./Lorenz, S./Walter, M. (Hrsg.). (1996). Schule und Schüler im Mittelalter. Beiträge zur europäischen Bildungsgeschichte des 9.-15. Jahrhunderts. Köln/Weimar/Wien
Koch, J. (Hrsg.). (1959). Artes Liberales. Von der antiken Bildung zur Wissenschaft des Mittelalters. Leiden
Le Goff, J. (1993). Die Intellektuellen im Mittelalter. München
Lindberg, D. (1994). Von Babylon bis Bestiarium. Die Anfänge des abendländischen Wissens. Stuttgart
Lindgreen, U. (1992). Die Artes Liberales in Antike und Mittelalter. Bildungs- und wissenschaftsgeschichtliche Entwicklungslinien. München
Marrou, H.J. (1982). Augustinus und das Ende der antiken Bildung. Paderborn
Pedersen, O. (1997). The first universities. Studium generale and the origins of university education in Europe. Oxford

Rüegg, W. (Hrsg.). (1993). Geschichte der Universität in Europa. München
Schaefer, U. (Hrsg.). (1999). Artes im Mittelalter. Berlin
Schulz, K. (Hrsg.). (1999). Handwerk in Europa. Vom Spätmittelalter bis zur Frühen Neuzeit. München
Schwinges, R. (Hrsg.). (1999). Artisten und Philosophen. Wissenschafts- und Wirkungsgeschichte einer Fakultät vom 13. bis zum 19. Jahrhundert. Basel
Southern, R. (^{2}1980). Geistes- und Sozialgeschichte des Mittelalters. Das Abendland im 11. und 12. Jahrhundert. Stuttgart
Stolz, M. (2004). Artes-liberales-Zyklen: Formationen des Wissens im Mittelalter. Tübingen
Tezmen-Siegel, J. (1985). Die Darstellung der septem artes liberales in der Bildenden Kunst als Rezeption der Lehrplangeschichte. München
Verger, J. (1997). Les gens de savoir dans l'Europe de la fin du Moyen Age. Paris
Wagner, D. (Hrsg.). (1983). The Seven Liberal Arts in the Middle Ages. Bloomington
Weimar, P. (Hrsg.). (1981). Die Renaissance der Wissenschaften im 12. Jahrhundert. München
Zwick, E. (2001). Vormoderne oder Aufbruch in die Moderne? Studien zu Hauptströmungen des Mittelalters. Hamburg
Zwick, E. (2004). Spiegel der Zeit – Grundkurs Historische Pädagogik I. Antike: Griechenland - Ägypten - Rom - Judentum. Münster

9 Ausblick: Wege in eine neue Zeit

Betrachtet man Grundorientierungen menschlichen Lebens und Denkens aus historischer Sicht zeichnet sich zunächst durchaus eine Möglichkeit ab, zwischen Antike, Mittelalter und Neuzeit zu unterscheiden. Seit dem Beginn neuzeitlichen Denkens vollzieht sich, so Coreth, „eine 'Wende zum Subjekt'. Nachdem bisher im ganzen Altertum und Mittelalter ein objektives Denken vorherrschend war, der Mensch um seine fraglose Stellung und sichere Geborgenheit im Ganzen des Seins gewußt hatte, setzt jetzt ein subjektives Denken ein, das allein aus der Immanenz der Subjektivität gesicherte Erkenntnis gewinnen und begründen will" (Coreth, 1986, 28). In Antike und Mittelalter war der Mensch eingebunden in eine objektive und universale Seinsordnung, sei es in den Kosmos als der Ordnung aller Dinge in der Antike oder in den ordo Gottes im Mittelalter. Die Grundorientierung der Neuzeit ist hingegen prima facie anthropologisch: der Mensch konstituiert sich selbst.

Fragt man aber nicht nach dem, *was* gedacht wurde, nach dem Inhalt, sondern nach dem, *wie* gedacht wurde, nach der Denkform, so zeichnete sich bereits bei Thomas von Aquin (+1274) eine anthropologische Wende ab, die es fraglich werden lässt, in der genannten Weise zwischen Mittelalter und Neuzeit zu unterscheiden. Konsequenterweise ist es wiederum erforderlich, die Differenzierung modifizierter zu sehen. Gibt es das Neue der Neuzeit? Und wenn ja, worin ist dieses zu sehen?

Drei Aspekte können in diesem Kontext hervorgehoben werden, deren Implikationen das Verhältnis von Mittelalter und Neuzeit verdeutlichen: die Subjektivierung des Glaubens, die Säkularisierung des Wissens und die Stellung des Menschen.

Was bereits bei Wilhelm von Ockham (+ um 1348) an- bzw. vorgedacht wurde, wurde bei und durch Martin Luther (+1546) umgesetzt: die Subjektivierung des Glaubens. Die von Boethius (+524) in die klassische Formulierung: „fidem, si poteris, rationemque coniunge/verbinde nach Möglichkeit Glauben und Vernunft" gebrachte Rahmenbedingung des Mittelalters wird aufgelöst, die Vernunft emanzipiert sich endgültig von religiös-kirchlichen Vorgaben. Welche Konsequenzen mit der Säkularisierung des Wissens verbunden waren, zeigt v.a. die sich methodisch und inhaltlich emanzipierende Naturwissenschaft. Die Frage ist nun beispielsweise nicht mehr: „warum fallen Körper?", sondern: „wie fallen sie?", d.h.: die Natur gilt als quantifizierbar und mathematisch bestimmbar. Exemplarisch verdeutlichen dies Nikolaus Kopernikus (+1543), Johannes Kepler (+1630), Galileo Galilei (+1642) oder Francis Bacon von Verulam (+1626).

Kopernikus verweist zwar selbst in der Einleitung seines Werkes De revolutionibus darauf, dass Herakleides von Pontos im 4. Jh.v.Chr. und Aristarchos von Samos im 3. Jh.v.Chr. schon das heliozentrische System vorgedacht bzw. vertreten haben, die denkerische Durchdringung und damit die Manifestierung der Theorie ist jedoch ihm zuzuschreiben. Wie Kopernikus so trugen auch Kepler und Galilei maßgeblich zu einem neuen Denken bei. Keplers neuer Kraftbegriff, wonach Kraft nicht mehr als seelische Qualität, sondern als ein der exakten Maßbestimmung Bedürftiges zu sehen ist und Galileis Begründung der Naturwissenschaft als einer Lehre der Bewegungsbeziehungen trugen entscheidend zum Siegeszug der quantitativen Naturbetrachtung bei. Die endgültige Trennung von Religion und Wissenschaft ist im Gesamtprozess allerdings mehr Francis Bacon von Verulam zuzuschreiben. Seine Entwicklung der induktiven, von Beobachtung und Experiment ausgehenden Methdik bot zudem die ersten Systematisierungselemente einer exakten quantitativen Forschungsstruktur. Relevant ist jedoch v.a., dass all diese Theorieansätze nicht als fiktionale Rechenbeispiele verstanden wurden, sondern in einem realistischen Sinn als Darstellung der Wirklichkeit und dass man von den Hypothesen nicht nur Vorhersageerfolge erwartete, sondern Wahrheit.

Eine philosophische Begründung erfuhr das bis jetzt Angedachte, Postulierte und Entwickelte durch René Descartes (+1650). Er setzte bei Galileis Auffassung von der mathematischen Natur physikalischer Gegenstände an und baute dies in einer eigenen Weise aus. Und er begründete zudem mit seinem bekannten „cogito ergo sum" (Princ.phil. I,7) die spezifisch neuzeitliche „Wende zum Subjekt". Was er denkerisch begründete und reflektierte spiegelt den Wandel der Stellung des Menschen wieder. War der Mensch des Mittelalters eingebunden in eine Stufenordnung und wurde er durch das Verhältnis zu Gott bestimmt, so steht nun im Mittelpunkt die Eigentätigkeit des Menschen. Wie unterschiedlich die Stellung des Menschen gedacht wurde, können folgende Schemata verdeutlichen.

Mittelalterliche Vorstellung:

Gott	
Engel	Geist
Mensch	Vernunft
Tier	Sinneswahr-nehmung
Pflanze	Leben

Neuzeitliche Vorstellung:

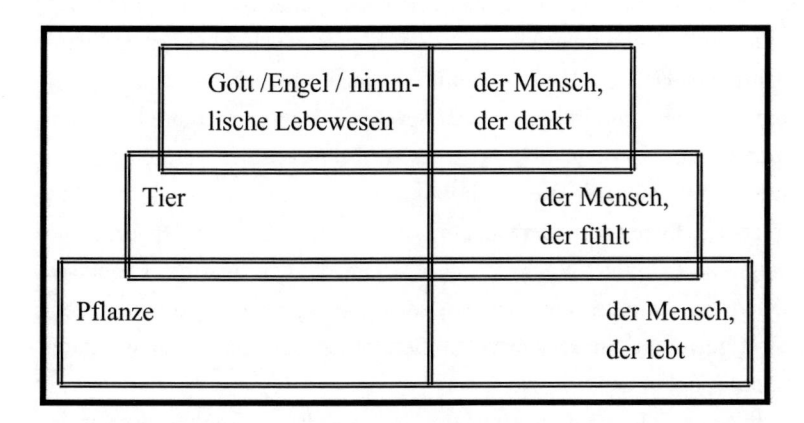

Gott /Engel / himmlische Lebewesen	der Mensch, der denkt
Tier	der Mensch, der fühlt
Pflanze	der Mensch, der lebt

Aufgehoben ist die mittelalterliche Stufenordnung und neu gedacht wird auch das Verhältnis von Pflanze, Tier, Mensch und Gott. Oder anders gesagt. Was der Mensch ist, obliegt ihm selbst. Er selbst ist für seine Lebensform verantwortlich.

Diesen Gedanken formuliert grundlegend und wegweisend Pico della Mirandola (+1494) in seiner Schrift De hominis dignitate/Über die Würde des Menschen (1990, 5-7):

„Also war er [Gott] zufrieden mit dem Menschen als einem Geschöpf von unbestimmter Gestalt, stellte ihn in die Mitte der Welt und sprach ihn so an: `Wir haben dir keinen festen Wohnsitz gegeben, Adam, kein eigenes Aussehen noch irgendeine besondere Gabe, damit du den Wohnsitz, das Aussehen und die Gaben, die du selbst dir aussiehst, entsprechend deinem Wunsch und Entschluß habest und besitzest. Die Natur der übrigen Geschöpfe ist fest bestimmt und wird innerhalb von uns vorgeschriebener Gesetze begrenzt. Du sollst dir deine ohne jede Einschränkung und Enge, nach deinem Ermessen, dem ich dich anvertraut habe, selber bestimmen. Ich habe dich in die Mitte der Welt gestellt, damit du dich von dort aus bequemer umsehen kannst, was es auf der Welt gibt. Weder haben wir dich himmlisch noch irdisch, weder sterblich noch unsterblich geschaffen, damit du wie dein eigener, in Ehre frei entscheidender, schöpferischer Bildhauer dich selbst zu der Gestalt ausformst, die du bevorzugst. Du kannst zum Niedrigen, zum Tierischen entarten, du kannst aber auch zum Höheren, zum Göttlichen wiedergeboren werden, wenn deine Seele es beschließt".

Und Pico della Mirandola fährt fort: „Im Menschen sind bei seiner Geburt von Gottvater viele Samen und Keime für jede Lebensform angelegt; welche ein jeder hegt und pflegt, die werden heranwachsen und ihre Früchte in ihm tragen. Sind es pflanzliche, wird er zur Pflanze, sind es sinnliche, wird er zum Tier werden. Sind es Keime der Vernunft, wird er sich zu einem himmlischen Lebewesen entwickeln; sind es geistige, wird er ein Engel sein und Gottes Sohn. Wenn er sich nun, mit keinem Los der Geschöpfe zufrieden, ins Zentrum seiner Einheit zurückgezogen hat, wird er, ein Geist mit Gott geworden, in der einsamen Dunkelheit des über allem stehenden Vaters alles überragen".

Betrachtet man diese Entwicklungen wird in sich verständlich, warum im Renaissance-Humanismus erstmals genuin pädagogische Schriften entstanden. Das Werden des Menschen wird nicht mehr im Kontext theologischer, philosophischer oder medizinischer Themen reflektiert, sondern als eigene Frage. Damit tritt ein neuer Aspekt hervor, dessen vielfältige

Konkretisierungen zu dem breiten Spektrum neuzeitlicher Antworten auf pädagogische Grundfragen führten, die im folgenden Band angesprochen werden.

Weiterführende Literatur:

Bachorski, H.-J./Röcke, W. (Hrsg.). (1995). Weltbildwandel. Selbstdeutung und Fremderfahrung vom Spätmittelalter bis zur frühen Neuzeit. Trier
Böhme, G. (1984). Bildungsgeschichte des frühen Humanismus. Darmstadt
Böhme, G. (1986). Bildungsgeschichte des europäischen Humanismus. Darmstadt
Boockmann, H./Moeller, B./Stackmann, K. (Hrsg.). (1989). Lebenslehren und Weltentwürfe im Übergang vom Mittelalter zur Neuzeit. Politik-Bildung-Naturkunde-Theologie. Göttingen
Brieskorn, N. (1991). Finsteres Mittelalter? Über das Lebensgefühl einer Epoche. Mainz
Coreth, E. (41986). Was ist der Mensch? Grundzüge einer philosophischen Anthropologie. Innsbruck/Wien
Cramer, Th. (Hrsg.). (1988). Wege in die Neuzeit. München
Dijksterhuis, E. (2002). Die Mechanisierung des Weltbildes. Berlin
Esch, A. (1994). Zeitalter und Menschenalter. Der Historiker und die Erfahrung vergangener Gegenwart. München
Flasch, K./Jeck, U. (Hrsg.). (1997). Das Licht der Vernunft. Die Anfänge der Aufklärung im Mittelalter. München
Heidelberger, M./Thiessen, S. (1981). Natur und Erfahrung. Von der mittelalterlichen zur neuzeitlichen Naturwissenschaft. Reinbek
Herzog, R./Koselleck, R. (Hrsg.). (1987). Epochenschwelle und Epochenbewußtsein. München
Kanitscheider, B. (1984). Kosmologie. Geschichte und Systematik in philosophischer Perspektive. Stuttgart
Koselleck, R. (Hrsg.). (1987). Epochenschwelle und Epochenbewusstsein. München
Koyré, A. (1969). Von der geschlossenen Welt zum unendlichen Universum. Frankfurt/M.
Lübbe, H. (2003). Säkularisierung. Freiburg/Br.
Metz, J.-B. (1962). Christliche Anthropozentrik. Über die Denkform des Thomas von Aquin. München
Mittelstraß, J. (1979). Neuzeit und Aufklärung. Studien zur Entstehung der neuzeitlichen Wissenschaft und Philosophie. Berlin
Ruhloff, J. (Hrsg.). (1989). Renaissance-Humanismus. Zugänge zur Bildungstheorie der frühen Neuzeit. Essen
Sheas, W. (2003). Nikolaus Kopernikus: der Begründer des modernen Weltbildes. Heidelberg
Vietta, S. (2005). Europäische Kulturgeschichte. Eine Einführung. München

Quellen:

Adalbero von Laon. Carmen ad Rotbertum Regem Francorum. PL 141, 771-786
Albertus Magnus. Opera omnia. Hrsg. v. A. Borgnet. 28 Bde. Paris 1890-99
Alcuinus. Monumenta Alcuiniana. Ed. P. Jaffé/W. Wattenbach. Aalen 1964
Alkuinus. Opera. PL 100/101
Ambrosiaster. Commentaria in Epistolas B. Pauli. PL 17, 45-508
Ambrosius. De virginibus libri tres. Hrsg. v. E. Cazzaniga. Turin 1948
Astesanus von Asti. Summa de casibus. Venetiis 1478
Aurelius Augustinus. Opera omnia. PL 32-47
Aurelius Augustinus. Opera. CCL 27-57. Turnhout 1954ff.
Bartholomäus Anglicus. De rerum proprietatibus. Frankfurt/M. 1964
Basilius von Caesarea. Die Mönchsregeln. St. Ottilien 1981
Benedict von Nursia. Regula St. Benedicti. Ed. B. Linderbauer. Florilegium Patristicum 17. Bonn 1928
Caesarius Heisterbacensis. Dialogus miraculorum. Coloniae 1851
Cassiodorus. Institutiones divinarum et saecularium litterarum. Ed. R. Mynors. Oxford 1937
Cassiodorus. Opera. PL 69-70
Corpus Christianorum seu nova Patrum collectio. Series latina (= CCL). Hrsg. v. der Abtei St. Peter in Steenbrugge. Turnhout 1953ff.
Corpus scriptorum ecclesiasticorum latinorum. Hrsg. v. der Wiener Akademie. Wien 1866ff.
Cyprian. De habitu virginum. Hrsg. v. B. van den Brink. Den Haag 1946
Denzinger, H. & Schönmetzer, A. (Hrsg.). Enchiridion Symbolorum, Definitionum et Declarationum De Rebus Fidei Et Morum. Freiburg/Br. ^{25}1965
Eusebius von Caesarea. Vita Constantini. Hrsg. v. A. Cameron/S. Hall. Oxford 1999
Giovanni Pico della Mirandola. De hominis dignitate. Über die Würde des Menschen. Hrsg. v. A. Buck. Hamburg 1990
Hieronymus. Epistolae. Hrsg.v. J. Labourt. Paris 1949-61
Hrabanus Maurus. Opera. PL 107-112
Hugo von St. Victor. Opera omnia. PL 175-177
Isidor von Sevilla. Etymologiarum libri XX. PL 82, 73-728
Johannes von Freiburg. Summa Confessorum. Lugduni 1518
D. Martin Luthers Werke. Kritische Gesamtausgabe. Weimar. 1883ff.
Manlius Severinus Boethius. Utrum Pater et Filius et Spiritus sanctus de Divinitate substantialiter praedicentur. Accedit Gilberti Porretae commentarius. PL 64, 1299-1313
Marguerite Porète. Speculum simplicium animarum. Hrsg. v. P. Verdeyen. Turnholt 1986
Migne, J.P. (Hrsg.). Patrologiae Cursus Completus. Series II: Patrologia latina (=PL). Paris 1841-64
Nicolaus Kopernikus. De revolutionibus libri sex. Ed. H. Nobis/B. Sticker. Hildesheim 1984
Petrus Abaelardus. Opera omnia. PL 178
Petrus Lombardus. Sententiarum libri Quatuor. PL 192, 519-964
Physiologus Latinus. Versio B. Hrsg. v. F.J. Carmody. Paris 1939

Raymund von Pennaforte. Summa de poenitentia et matrimonia cum glossis Ioannis de Friburgo. Roma 1603
René Descartes. Oeuvres. Hrsg. v. C. Adam/P. Tannery. Paris 1897-1910
Tertullian. De virginibus velandis. Hrsg. v. E. Schulz-Flügel. Paris 1997
Thomas von Aquin. Ausgabe der Werke bei Marietti. Turin/Rom 1948ff.
Thomas von Aquin. Opera omnia iussu Leonis XIII. edita (Editio Leonina). Roma 1882
Vinzenz von Beauvais. De eruditione filiorum nobilium. Hrsg. v. A. Steiner. Cambridge 1938
Wilhelm von Conches. Dialogus de Substantiis. Straßburg 1567
Wilhelm von Ockham. Opera philosophica et theologica ad fidem codicum manuscriptorum edita. Ed. S. Brown et al. St. Bonaventure 1974-1988